Klüver

Die Kunst,
keine perfekte Mutter zu sein

Die Kunst, keine perfekte Mutter zu sein

Das Selbsthilfebuch für gerade noch nicht ausgebrannte Mütter

Nathalie Klüver

Bibliografische Information der Deutschen Nationalbibliothek

Die Deutsche Nationalbibliothek verzeichnet diese Publikation in der Deutschen Nationalbibliografie; detaillierte bibliografische Daten sind im Internet über http://dnb.d-nb.de abrufbar.

1. Auflage 2018

© 2018 TRIAS Verlag in Georg Thieme Verlag KG
Rüdigerstraße 14, 70469 Stuttgart
www.trias-verlag.de

Printed in Germany

Programmplanung: Celestina Filbrandt
Redaktion: Julia Jochim, Hamburg
Bildredaktion: Christoph Frick, Nadja Giesbrecht
Umschlaggestaltung und Layout: CYCLUS Visuelle Kommunikation, Stuttgart
Illustrationen: Daniela Sonntag, Stuttgart
Satz und Repro: Ziegler und Müller, text form files, Kirchentellinsfurt
Druck: Westermann Druck GmbH, Zwickau

ISBN 978-3-432-10630-4   1 2 3 4 5 6

Auch erhältlich als E-Book:
eISBN (epub) 978-3-432-10632-8

Wichtiger Hinweis: Wie jede Wissenschaft ist die Medizin ständigen Entwicklungen unterworfen. Forschung und klinische Erfahrung erweitern unsere Erkenntnisse. Ganz besonders gilt das für die Behandlung und die medikamentöse Therapie. Bei allen in diesem Werk erwähnten Dosierungen oder Applikationen, bei Rezepten und Übungsanleitungen, bei Empfehlungen und Tipps dürfen Sie darauf vertrauen: Autoren, Herausgeber und Verlag haben große Sorgfalt darauf verwandt, dass diese Angaben dem Wissensstand bei Fertigstellung des Werkes entsprechen. Rezepte werden gekocht und ausprobiert. Übungen und Übungsreihen haben sich in der Praxis erfolgreich bewährt.

Eine Garantie kann jedoch nicht übernommen werden. Eine Haftung des Autors, des Verlags oder seiner Beauftragten für Personen-, Sach- oder Vermögensschäden ist ausgeschlossen.

Geschützte Warennamen (Warenzeichen ®) werden nicht immer besonders kenntlich gemacht. Aus dem Fehlen eines solchen Hinweises kann also nicht geschlossen werden, dass es sich um einen freien Warennamen handelt.

Das Werk, einschließlich aller seiner Teile, ist urheberrechtlich geschützt. Jede Verwendung außerhalb der engen Grenzen des Urheberrechtsgesetzes ist ohne Zustimmung des Verlages unzulässig und strafbar. Das gilt insbesondere für Vervielfältigungen, Übersetzungen, Mikroverfilmungen oder die Einspeicherung und Verarbeitung in elektronischen Systemen.

Liebe Leserin, lieber Leser,
hat Ihnen dieses Buch weitergeholfen? Für Anregungen, Kritik, aber auch für Lob sind wir offen. So können wir in Zukunft noch besser auf Ihre Wünsche eingehen. Schreiben Sie uns, denn Ihre Meinung zählt!

Ihr TRIAS Verlag

E-Mail Leserservice: kundenservice@trias-verlag.de

Adresse:
Lektorat TRIAS Verlag, Postfach 30 05 04,
70445 Stuttgart
Fax: 07 11-89 31-7 48

Besuchen Sie uns auf facebook!
www.facebook.com/trias.tut.mir.gut

Lassen Sie sich inspirieren!
www.printerest.com/triasverlag

Die Autorin

Nathalie Klüver, freiberufliche Journalistin für verschiedene Zeitschriften und selbst Mutter von drei Kindern, berichtet in ihrem Mamablog (www.ganznormalemama.com) aus ihrem Familienalltag. Es geht dabei um den ganz normalen Wahnsinn im Familienalltag, um Ernstes, Nachdenkliches und natürlich Heiteres – denn mit Humor geht alles leichter! Wenn man weiß, dass es anderen genauso geht, ist alles gleich nur halb so schlimm, ist ihr Motto, das sich durch ihre gesamte Arbeit zieht.

Inhalt

Und wo bleibe ich?! **9**

1 Was Mütter heute leisten müssen 17

Gesundheitsrisiko Muttersein? 18
Die Erwartungen an die Mütter von heute sind hoch 20
Rückfall in alte Rollenmodelle 22

2 »Früher war alles besser« oder: Wie haben unsere Mütter das gewuppt? 26

Rushhour des Lebens 28
Quality Time und Quantity Time 31
Der Mythos der »sich aufopfernden Mutter« 34

3 Mütter unter Druck 36

Der Zwang, eine perfekte Mutter zu sein 38
Die Mär von der immer glücklichen Mutter 41
Die Ansprüche an die heutigen Mütter 42
Der Spagat zwischen Beruf und Familie 54

4 Ausgebrannt? Oder einfach »nur« erschöpft? 63

Was ist Stress? 63
Wenn der Akku leer ist: Was ist ein Burnout? 66
Schluss mit dem So-tun-als-ob! 80

5 Mehr Zeit für mich – ohne schlechtes Gewissen! 87

Lernen Sie, Nein zu sagen! 90
Stressfaktoren und Zeitfresser identifizieren 93
Überfrachten Sie die Tage nicht 99
Eltern sind nicht die Alleinunterhalter ihrer Kinder 101
Theater, lass nach! 107
Sie sind kein Mädchen für alles! 110
Sorgen Sie für sich selbst 112

Ideen für Mama-Auszeiten   123
Zeit für den Partner   136

6 Hilfen für Mütter   **142**

Hilfen einfordern und annehmen   142
Praktische Hilfsangebote für Eltern   144
Wenn gar nichts mehr geht: Krisenintervention im Ernstfall   153
Setzen Sie Prioritäten   156
Multitasking wirkt kontraproduktiv   159

7 Es wird besser!   **162**

Weil das Leben mit Kindern wunderschön ist!   164

Service   **166**

Literatur   166
Weiterführende Links   167
Sachverzeichnis   168

Und wo bleibe ich?!

»Eins nach dem anderen – ich habe nur zwei Hände!«

Die eine Hand schmiert das Brot für das Kindergartenfrühstück, die andere Hand schenkt ein Glas Milch ein. »Mama, ich muss aufs Klo!«, ruft es da vom Frühstückstisch und der Dreijährige klettert vom Hochstuhl herunter. Der Fünfjährige kippt derweil so viel Milch in sein Müsli, dass die Schüssel überläuft, und während Sie ihm schnell eine Küchenrolle zuwerfen, zieht Sie der Kleine in Richtung Bad, denn »es ist ganz dringend, Mama«.

Ja, eine dritte oder gar eine vierte Hand wären jetzt toll. Eine Hand, die schnell die Frühstücksboxen für den Kindergarten weiter vorbereiten kann, und eine weitere Hand, die schon mal den Kaffee macht, den Sie nach der durchwachten Nacht dringend bräuchten. Während die Kinder endlich ihr Müsli futtern, kommt der Gatte aus dem Schlafzimmer und sucht seine blaue Krawatte. Und ein Kind kräht derweil aus dem Esszimmer: »Ich hab gekleckert!« Zeit, in Ihr eigenes Brot zu beißen, hatten Sie noch keine.

Also ein ganz normaler Morgen: Frühstücksbrote schmieren, müde Kinder aufwecken und überreden, dass es im Kindergarten und in der Schule bestimmt wieder »ganz toll« sein wird, Pausenbrote vorbereiten, Kaffee kochen und, wenn alles gut geht, auch noch warm trinken, beim Anziehen helfen, standhaft bleiben bei Diskussionen, ob sieben Grad und Nieselregen das geeignete Wetter für die Lieblingssandalen sind (oder auch nicht standhaft bleiben, des lieben Friedens wegen), Schnürsenkel binden und dann zur Frühstücksrunde in den Kindergarten oder zur ersten Stunde in die Schule hetzen.

Kennen Sie das Phänomen auch: Egal, wie früh Sie aufstehen, am Ende sind Sie doch wieder kurz vor knapp im Kindergarten?

10   Die Kunst, keine perfekte Mutter zu sein

Danach weiter zur Arbeit, ab an den Schreibtisch. »Ach, die Teilzeit-kollegen treffen auch ein«, tönt es vom Nachbarschreibtisch. Das antrainierte Lächeln kommt zum Einsatz, PC an, ach Mist, heute ja noch gar nichts gefrühstückt, Joghurt aus der Tasche, beim E-Mails-Checken nebenher essen und bloß nicht auf die Tastatur kleckern. »Typisch, fast zu spät kommen und dann als Erstes gleich mal Früh-stückspause«, kommt es vom geliebten Kollegen einen Schreibtisch weiter. E-Mails, Meetings, mittags nebenher am Computer einen Salat hinunterschlingen, im Kopf die Einkaufsliste notieren, zähneknir-schend noch die Kopien für den Kollegen miterledigen (schon wieder nicht geschafft, Nein zu sagen) und dann mal wieder auf den letzten Drücker in den Kindergarten schneien, die vorwurfsvollen Blicke der Erzieherinnen ignorierend.

»Haben Sie die fünf Euro für den Ausflug morgen dabei?« Total verges-sen! Man kann doch nicht alles im Kopf haben. Wann waren Sie das letzte Mal am Geldautomaten? Zu lange her, das Portemonnaie ist leer. »Gestern hatten Sie das Geld auch schon nicht dabei.« Stimmt, und vorgestern auch nicht. Beim Kindanziehen noch schnell den Post-It »Bitte neue Windeln mitbringen« von der Garderobe einstecken, da-mit Sie morgen auch wirklich daran denken. Hing der Zettel nicht ges-tern auch schon da?! »Und denken Sie dran, morgen müssen die Kin-der schon um acht hier sein«, ruft die Erzieherin Ihnen noch hinterher, als Sie endlich nach Hause gehen. Der Ausflug, das hätten Sie fast ver-gessen. Dafür müssen Sie morgen ja auch noch eine Getränkeflasche extra einpacken.

Das muss jetzt auch noch irgendwo abgespeichert werden, in den Ge-hirnwindungen zwischen der Einkaufsliste, den fünf Euro für den Aus-flug und den Windeln, während die Kinder von ihrem Tag berichten und sich streiten, wer anfangen darf. Der Nachmittag geht so weiter. Irgendjemand will immer etwas von Ihnen. »Mama, kannst du mal?« in der Dauerschleife. Sobald Sie sich hinsetzen und einmal nichts tun, können Sie sich sicher sein, dass eines Ihrer Kinder etwas braucht, dem anderen einen Baustein über die Rübe zieht oder in die Hose gepinkelt hat. Und je fortgeschrittener der Nachmittag, umso quengeliger die Kinder, bis kurz vor dem Abendbrot die Stimmung endgültig kippt und kaum fünf Minuten ohne Geschrei vergehen.

Ein ganz normaler Alltag. Wenigstens steht kein Kinderturnen an und abends gibt es auch nur belegte Brote, da fällt das Kochen weg. Aber Feierabend wird trotzdem erst um 20 Uhr sein. Oder um 21 Uhr, je nachdem, wann die Kinder schlafen. Dann ist endlich Zeit, noch einmal kurz die Beine hochzulegen und im Geiste die To-do-Liste für den nächsten Tag durchzugehen. Falls Sie nicht beim Ins-Bett-bringen der Kinder einschlafen, wie die letzten Tage auch.

Ach ja, da wäre eigentlich noch der Haushalt, der nach dem Ins-Bett-bringen der Kinder nach Ihnen ruft. So ein Haushalt ist ja eine unendliche Geschichte. Kaum ist der Geschirrspüler ausgeräumt, ist er schon wieder voll. Kaum ist der eine Wäscheberg im Kleiderschrank verschwunden, taucht der nächste aus der Waschmaschine auf. Und auf wundersame Weise wächst die Schmutzwäsche im Wäschekorb wie von selbst nach. Haben Sie die Küche gesaugt, tummeln sich schon wieder Brotkrümel auf dem Fußboden. Es hört einfach nicht auf – der Haushalt ist nie fertig! Fertig sind am Ende des Tages nur Sie selbst.

Und wo bleibe ich?! Das fragen sich wohl alle Mütter, die sich täglich zwischen Arbeit, Kindern und Haushalt aufreiben. Einmal eine Minute durchatmen? Einen Nachmittag nur für sich selbst haben? Ohne dass Sie sich Gedanken machen müssen, ob Sie noch Windeln kaufen müssen oder ob der Kindergarten nun morgen um acht oder um halb neun den Ausflug startet? Ohne dass Sie überlegen, was Sie morgen kochen und ob Sie die dringende E-Mail von Ihrem Chef eigentlich schon beantwortet haben? Die berufstätige Mutter von heute ist immer mit einem halben Ohr woanders. Im Büro ist sie in Gedanken bei ihren Kindern und zuckt bei jedem Handyklingeln zusammen – es könnte ja der Kindergarten sein, der möchte, dass man das plötzlich erkrankte Kind abholt. Am Nachmittag beim Biene-Maja-Puzzlen schweifen die Gedanken immer wieder zu den unerledigten Papierstapeln auf dem Schreibtisch. Nein, Feierabend sieht anders aus.

Würden Sie sich manchmal am liebsten schon nachmittags ins Bett legen und die Decke über den Kopf ziehen? Ist Ihnen immer häufiger plötzlich zum Heulen zumute, die kleinsten Dinge bringen Sie auf die Palme, und es gibt Tage, an denen der einzige Gedanke in Ihrem Kopf ist: »Ich kann nicht mehr«? Damit stehen Sie nicht alleine da. Viele Mütter wissen manchmal einfach nicht mehr weiter und schon Banalitäten können sie aus der Bahn werfen. Aber es geht ja nicht anders, denken Sie? »Ich muss ja funktionieren«, sagen Sie? Nein, Sie müssen nicht immer funktionieren!

»Stoppt das Hamsterrad!«

Irgendetwas bleibt immer auf der Strecke im hektischen Mama-Alltag. Sie können sich nun mal nicht zweiteilen und eine dritte Hand ist Ihnen auch noch nicht auf dem Rücken gewachsen. Wann hatten Sie das letzte Mal einfach nur Zeit für sich? Ohne schlechtes Gewissen? Ohne dass irgendjemand etwas von Ihnen wollte? Ohne dass Sie nebenbei den nächsten Arbeitstag geplant haben? Oder den Kindergeburtstag? Höchste Zeit, das zu ändern! Denn so geht es nicht weiter. Niemand kann auf Dauer 120 Prozent geben. Und niemand kann sich ständig aufreiben, ohne auf die eigenen Bedürfnisse zu hören. Denn sonst steuern Sie schneller auf ein Burnout zu, als Ihnen lieb ist. Und wenn Sie zusammenbrechen, ist niemandem geholfen.

Mit Burnout verbinden die meisten Menschen und Medien immer noch das Bild des ausgebrannten Managers, der sich verausgabt hat in einer 70-Stunden-Woche, immer im Dienste der Firma, von Meeting zu Meeting eilend. »Burnout« ist ein Modewort geworden, es ist so sehr in Mode, dass man die Diagnose teilweise nicht mehr ernst nimmt. Dass Lehrer und Angehörige pflegender Berufe auch immer häufiger an den Punkt gelangen, an dem sie einfach nicht mehr können, ist mittlerweile anerkannt. Aber mit Müttern wird »Burnout« eher selten in Verbindung gebracht. Dass sie oft genauso eine 70-Stunden-Woche haben wie der vielzitierte überarbeitete Manager, sich täglich verausgaben und an ihre Grenzen gehen, das sickert eher langsam in das Bewusstsein der Öffentlichkeit ein. Dabei opfern sich Mütter genauso auf wie die besonders gefährdeten Lehrer und Pflegenden – und auch sie sind oft mit falschen Erwartungen in den »Beruf« Mutter gegangen und wurden von der Realität eingeholt.

Anerkennung für ihre Arbeit? Darauf warten die meisten Mütter vergeblich. Denn von vielen Menschen wird das Muttersein nach wie vor einfach nicht als Arbeit angesehen, sondern als Auszeit. Erholsam statt anstrengend, so stellen sich nicht wenige den Mütteralltag vor. Und selbst wer einsieht, dass es anstrengend ist, hat deshalb noch lange kein Verständnis. Kommen Ihnen diese Sätze bekannt vor?

»Vormittags arbeiten und nachmittags auf dem Spielplatz herumhängen, das kann doch nicht so stressig sein.«

»Wenn sie die Kinder so sehr stressen, hätte sie besser keine bekommen sollen.«

»Was kann an dem bisschen Haushalt denn so anstrengend sein?«

»Zeit für sich? Das hat sie doch, wenn sie mit den Kindern spielt.«

»Das haben unsere Mütter doch auch geschafft, und das auch noch ohne Geschirrspüler.«

»Was ist daran so stressig, vier Stunden am Tag zu arbeiten und nachmittags ein bisschen die Kinder zu betüddeln?«

»Sie ist doch nur Hausfrau und muss noch nicht mal ins Büro gehen, wie kann sie da bitte überlastet sein?«

Die Mehrfachbelastung, der Mütter heutzutage ausgesetzt sind, wird oft verkannt und unterschätzt. Dabei sind die Belastungen immens. Und sie werden nicht weniger. Der Spagat zwischen Beruf und Familie, das permanent schlechte Gewissen, man könnte als berufstätige Mutter seine Kinder vernachlässigen, und das ständige Rechtfertigen für so ziemlich alles zerren an den Nerven. Auch wer nicht arbeitet, muss sich allerhand Vorwürfe anhören – dazu kommt, dass gerade Hausfrauen keine Anerkennung für das erhalten, was sie in Haushalt und Erziehung leisten. Nach dem Motto: Sie hat ja genug Zeit, sie geht ja nicht arbeiten. Wie man's auch macht – man macht es nie richtig.

Wie Sie das Hamsterrad zum Stillstand bringen und endlich mehr Ruhe, mehr Zeit für sich selbst im Alltag finden, dazu möchte ich Ihnen in diesem Buch ganz praktische Tipps geben. Tipps, die wirklich umsetzbar sind. Tipps, wie Sie Pausen im durchgetakteten Familienalltag finden, die sich in den Alltag einbauen lassen; aber auch Tipps, wie Sie sich mehr um sich kümmern und Schluss mit dem Perfektionismus machen. Ohne schlechtes Gewissen. Denn niemand ist perfekt. Und niemand muss perfekt sein. Damit Sie erkennen können, ob Sie »nur« erschöpft sind oder schon am Rande eines Burnouts, werde ich Ihnen die Anzeichen nennen, auf die Sie achten müssen. Ein Burnout schleicht sich an und durchläuft mehrere Phasen. Das Gute daran: In jeder Phase kann man gegensteuern, noch vor dem Total-Zusammenbruch! Wie bei so vielem gilt auch hier: Je früher Sie eingreifen, umso besser. Damit es gar nicht erst zum Zusammenbruch kommt.

Und weil der erste Schritt zum Besserfühlen die Erkenntnis ist, dass es anderen genauso geht und man nicht alleine ist, werden in diesem Buch viele Mütter zu Wort kommen, die Einblicke in ihren Alltag und ihre persönlichen Tricks für mehr Me-Time, Zeit für mich selbst, geben. Eine Patentlösung gibt es nicht, aber viele kleine Lösungsansätze und Schritte, die das Leben einfacher machen – und den Stress reduzieren.

Denken Sie daran: Eine ausgebrannte Mutter nützt niemandem etwas. Und deshalb profitieren alle davon, wenn Sie sich häufiger mal eine Pause gönnen. Ihr Mann, Ihre Kinder – und ja, auch Ihr Chef. Aber vor allem profitieren Sie davon. Fangen Sie also noch heute damit an! Ab sofort geht es um Sie und Ihr Wohlbefinden.

Mütter können alles.

Außer schlafen.

1 Was Mütter heute leisten müssen

Mutter-Zitat:

»Ich bin den ganzen Tag auf Achse. Ich stehe morgens als Erste auf, um die Frühstücksbrote zu schmieren. Ich bringe die Kinder in den Kindergarten und hetze mich ab, um pünktlich im Büro zu sein. Kommt man da zu spät, kommen gleich die Kommentare, ob das nicht zu viel ist mit Kindern und Arbeit. Bei der Arbeit versuche ich mich zu konzentrieren, gehe aber ständig im Kopf die Einkaufsliste durch. Mittagspause? Mache ich nicht, um pünktlich Feierabend zu machen. Denn natürlich habe ich immer mehr zu tun, als ich in den sechs Stunden schaffen kann. Ich mag auch nichts ablehnen – denn dann fühlt sich mein Chef bestätigt, dass ich überfordert sei. Nach der Arbeit in den Kindergarten hetzen, zum Einkaufen, zum Fußball oder was gerade ansteht, Abendessen machen, Kinder ins Bett bringen und dann bin ich selbst oft zu müde, um noch lange wach zu bleiben. Zwei Stunden für mich bleiben mir abends vielleicht – wenn die Kinder pünktlich um acht schlafen, was sie eh nie tun. Und mein Mann? Der kommt um halb acht von der Arbeit und schafft es manchmal noch, den Kindern gute Nacht zu sagen. Ich glaube, er hat sich noch nie Gedanken darüber gemacht, was man abends kochen könnte.«

Wir Mütter müssen Organisationstalente sein. Neben der täglichen Arbeit müssen wir an so vieles denken. Die Kindergartenschließungszeiten in den Sommerferien, das Abschiedsgeschenk für die Erzieherin, diverse Nachmittagskurse und ihre Ferienzeiten, Sommerfeste, Weihnachtsfeste, Adventskalender, Elternabende, Arzttermine, Geburtstagsfeiern, das Geschenk von der Zahnfee und, und, und. Ganz abgesehen von den Kinderkrankheiten, die immer plötzlich in der Nacht auftreten und wichtige berufliche Termine zum Platzen bringen. All das will koordiniert werden. Und an wem bleibt es meistens hängen? Richtig: an der Mutter. Wir alle kennen die Statistiken, nach denen es vor allem die Mütter sind, die Teilzeit arbeiten, ebenso wie die Statistiken, nach denen Väter nach der Geburt der Kinder eher mehr als weniger arbeiten. Und so sind es in der Tat in den überwiegenden Fällen die Frauen, an denen die Alltagsorganisation hängen bleibt. Mit allem Pipapo.

Kein Wunder, dass die Nerven manchmal blank liegen. Da können schon alltägliche Dinge wie der Gang zum Spielplatz in Stress ausarten. Man geht ja nicht einfach aus dem Haus, nein, da muss an die Wasserflasche gedacht werden, an die Wechselhose, die Ersatzwindel, das Lieblingseimerchen. Irgendetwas vergisst man immer. Im Zweifel das, was dann auch am meisten vermisst wird. Es ist Murphys Gesetz: Vergisst man die Wechselwindel, bringt das Kind seine Windel ausgerechnet heute zum Überlaufen. Derselbe Stress, wenn man pünktlich zu Terminen muss: Kleine Kinder wissen nicht, was Pünktlichkeit ist. Auch wenn wir Mütter bestens wissen, dass unsere lieben Kleinen es nicht böse meinen: Trödelei kann nerven. Furchtbar nerven. Und irgendjemand muss immer aufs Klo, meistens dann, wenn der Schneeanzug samt Winterstiefeln fix und fertig angezogen ist.

Gesundheitsrisiko Muttersein?

»Muttersein ist ein Gesundheitsrisiko«, schrieb das Müttergenesungswerk schon 2014 in seiner Mitteilung zur Jahrespressekonferenz. Moment mal! Ein Gesundheitsrisiko?! Diese süßen Kinder, die uns doch eigentlich so glücklich machen, die doch eigentlich das Beste sind, was uns in unserem Leben passiert ist? Ja. Tatsächlich. Mit dem Muttersein ist ein Gesundheitsrisiko verbunden – und damit ist nicht das Risiko bei der Geburt gemeint.

Verschiedene Statistiken und Studien machen es deutlich. Der englische Herzspezialist Mike Scott etwa verglich die Herzfrequenz von berufstätigen Müttern mit der kinderloser berufstätiger Frauen. Das Ergebnis seiner 24-Stunden-Aufzeichnungen: Kinderlose berufstätige Frauen haben einen Puls von 80. Berufstätige Mütter einen über 100.

Mütter sind im Dauereinsatz. Fehlende Ruhepausen treiben den Puls hoch. Ein konstant hoher Puls wiederum ist ein Gesundheitsrisiko, eine Belastung nicht nur für Herz und Kreislauf.

Rund zwei Millionen Mütter in Deutschland sind kurbedürftig, sagt das Müttergenesungswerk. Längst nicht alle dieser Mütter beantragen eine Kur. Weil sie nichts von der Möglichkeit wissen. Weil ihnen dazu die Zeit fehlt. Oder die Kraft. Doch die Zahl der Mütter, die eine Mutter-Kind-Kur beantragen, steigt seit Jahren kontinuierlich. 2013 haben 49 000 Mütter eine Mutterkur oder Mutter-und-Kind-Kur in Anspruch genommen, 2003 waren es noch 3 000 weniger. Tendenz: weiter steigend. Das Müttergenesungswerk selbst wurde übrigens 1950 von Elly Heuss-Knapp, der Gattin des damaligen Bundespräsidentin Theodor Heuss, gegründet. 1950 schon! Elly Heuss-Knapp machte damals durch ihren Einsatz darauf aufmerksam, dass viele Mütter am Rande eines Zusammenbruchs stehen und dringend Hilfe benötigen – und sie appellierte damals schon an die Männer, ihre Frauen doch mehr zu unterstützen. Das war vor fast 70 Jahren, und die Thematik ist heute aktueller denn je.

Die Zahl der behandlungsbedürftigen Mütter nehme rasant zu, heißt es von Seiten des Müttergenesungswerkes. Die (oft jahrelang verdrängten) Symptome: starke Erschöpfung (68 Prozent aller Mütter, die eine Kur machen, berichten darüber), Schlaf- und Essstörungen (unter ihnen leidet mehr als die Hälfte aller Mütter, die zu einer Kur kommen), Angstzustände, Kopfschmerzen oder Rückenschmerzen ohne klare Ursache (darüber beklagen sich zwei Drittel aller Mütter, die eine Kur in Anspruch nehmen), häufige Infekte. Alles Symptome, die typisch sind für einen Erschöpfungszustand. Die behandlungsbedürftigen Mütter fühlen sich laut Umfrage des Müttergenesungswerkes vor allem durch Zeitdruck (70 Prozent aller befragten Mütter), berufliche Belastungen (55 Prozent), Unvereinbarkeit von Beruf und Familie (44 Prozent), Erziehungsschwierigkeiten (32 Prozent) und fehlende Anerkennung (25 Prozent) belastet. Dabei liegt oft eine Wechselwirkung vor: Die Gesundheitsstörungen der Mutter belasten die Familie und die Mutter-Kind-Beziehung, und gleichzeitig führen die belastenden Familiensituationen zu Gesundheitsstörungen bei Frauen und Kindern. Diesen Kreislauf gilt es zu durchbrechen.

87 Prozent aller Mütter kommen mit der Diagnose Erschöpfungszustand in die Klinik. Die Ursachen: Unsicherheiten im Lebenslauf, ungleiche Arbeitsverteilung, Angst vor der Armut sowie die belastende Verantwortung für den Bildungserfolg der Kinder. Dazu kommt immer häufiger die Verantwortung für die eigenen, pflegebedürftigen Eltern. Ein Viertel aller Mütter pflegt heute eigene Angehörige, ein Drittel von ihnen erkrankt an den zusätzlichen Belastungen. Die Pflege der Eltern oder Schwiegereltern bleibt wie das Kümmern um die Kinder in den meisten Fällen Frauensache.

Mutter-Zitat:

»Seit zwei Jahren muss ich mich auch noch um meine Schwiegermutter kümmern. Sie ist seit einem Sturz nicht mehr so gut zu Fuß. Zuhause kommt sie zwar noch alleine klar, aber ich kaufe für sie ein, damit sie die Tüten nicht mehr schleppen muss. Das hört sich erstmal nicht so stressig an, aber ich merke, dass es mir alles gerade zu viel wird. Denn ich habe ja eigentlich mit meinen zwei Töchtern genug zu tun, mit der Arbeit und dem täglichen Nachmittagsprogramm. Und als Babysitter fällt meine Schwiegermutter natürlich auch aus, ein Kind kann sie noch übernehmen, aber beide auf einmal sind ihr zu viel. Ich beneide andere Mütter so sehr um ihre fitten Eltern, die ihnen Arbeit abnehmen, anstatt zusätzliche Arbeit zu bereiten.«

Die Erwartungen an die Mütter von heute sind hoch

Warum sind die Mütter von heute so gestresst? Die Kinder von heute sind so gesund wie nie – 94 Prozent sind laut Robert-Koch-Institut in einem sehr guten bis guten Gesundheitszustand. Und in den vergangenen Jahren hat sich doch viel bewegt – auch in der öffentlichen Debatte. Das Recht auf Teilzeit, der Rechtsanspruch auf einen Kindergarten- und Krippenplatz, Angebote wie Jobsharing und nicht zuletzt das Elterngeld und die Variante Elterngeld Plus ... es hat sich einiges getan. Aber noch immer ist die Vereinbarkeit von Beruf und Familie schwer, noch immer bleibt der Großteil der Hausarbeit an den Müttern hängen, noch immer heißt ein Anspruch auf einen Kindergartenplatz nicht gleich, dass man auch rechtzeitig einen solchen bekommt. Und noch immer müssen Frauen mit den gesellschaftlichen Erwartungen kämpfen, die vorgeben, was es heißt, eine gute Mutter zu sein. Der ständige Kampf mit den Rollenerwartungen, der ständige Spagat zwischen Beruf und Familie und die immer wieder bohrende Frage »Bin ich eine gute Mutter?« bringt immer mehr Mütter an den Rand des Burnouts.

Das bestätigte auch das Müttergenesungswerk in seiner Jahrespressekonferenz 2015: »Die Ursache für die gesundheitlichen Probleme von Müttern sind unter anderem die Diskrepanz zwischen den Erwartungen, die die Frauen an die Gesellschaft und ihre Partner haben, und den Erwartungen, die die Gesellschaft an die Frauen hat.«

Denn trotz Elterngeld, Ausbau der Krippenplätze und Einführung der Vätermonate ist die Zahl der Kleinkind-Eltern, die unter Stress stehen, in den letzten zehn Jahren kontinuierlich gestiegen, wie mehrere Studien übereinstimmend berichten. Für fast jede zweite Mutter in Deutschland ist ihr Kind ein Stressfaktor, ergab eine Erhebung der Krankenkasse DAK-Gesundheit aus dem Jahre 2013. Der größte Stressfaktor ist der Studie zufolge: die Mehrfachbelastung durch Erziehung, Haushalt und Beruf (für 75 Prozent der Befragten). Für fast 50 Prozent der befragten Mütter sind die psychischen und körperlichen Belastungen durch Kinder sehr groß oder groß.

Mutter-Zitat:

»Wenn mein Mann mal einen Nachmittag auf den Spielplatz geht, erwartet er von mir Lob – fast wie unser Hund, wenn der einen Ball zurückgebracht hat. Dabei mache ich das fast jeden Tag und keiner sagt mir, dass ich es gut gemacht habe. Genauso klatschen alle Beifall, wenn mein Mann sich einen Tag frei nimmt, weil unser Jüngster krank ist. Aber von mir wird es ganz selbstverständlich erwartet. Wo bleibt die Anerkennung für das, was ich den ganzen Tag mache?«

Noch dramatischer ist die Aussage einer Studie zweier Demografen über das sinkende Wohlbefinden von Eltern nach der Geburt ihrer Kinder. Rachel Margolis und Mikko Myrkylä haben in ihrer Untersuchung auf eine Studie des Deutschen Instituts für Wirtschaftsforschung zurückgegriffen, bei der 20 000 Menschen zu der Zufriedenheit in ihrem Leben befragt wurden. 0 konnte hierbei für »total unzufrieden« angegeben werden, 10 für »komplett zufrieden«. Margolis und Myrkylä analysierten diese Studie und fanden heraus, dass das Wohlbefinden nach einer Scheidung oder Tod des Partners um durchschnittlich 0,6 Punkte sinkt. Nach der Geburt des ersten Kindes hingegen sinkt das Wohlbefinden um 1,4 Punkte – also stärker als beim Tod des Partners oder einer Scheidung!

Rückfall in alte Rollenmodelle

Aber was sind die Gründe für das sinkende Wohlbefinden? Wieso leiden Frauen so sehr unter der Mehrfachbelastung? Wie kommt es überhaupt zu dieser Mehrfachbelastung von Müttern? Man sollte doch meinen, dass die emanzipierten Mütter von heute alle Arbeitsbelastungen um Haushalt und Familie gerecht mit ihren Partnern aufteilen. Das nimmt sich auch die Mehrzahl der Paare vor der Geburt des ersten Kindes vor: 60 Prozent wollen zu gleichen Teilen arbeiten gehen und das Kind versorgen, fand ein Report des Familienministeriums heraus. Doch allen guten Vorsätze zum Trotz verschiebt sich das Verhältnis, sobald das Kind auf der Welt ist. Gerade 14 Prozent der Eltern gelingt es, Arbeit und Kindererziehung tatsächlich hälftig zu teilen, so das Familienministerium. Kaum aus dem Kreißsaal heraus, sehen sich moderne, aufgeklärte Paare zurückgeworfen in alte Rollenmodelle.

Denn diese werden mit der Geburt des ersten Kindes auf einmal wieder lebendig. Vormals in Vollzeit arbeitende, gut ausgebildete Frauen übernehmen auf einmal 80 Prozent der Hausarbeit. Dazu kommt ein Großteil der Verantwortung für die Erziehungsarbeit. Die Frau, die doch eigentlich so gleichberechtigt sein will, sieht sich auf einmal mit den traditionellen Erwartungen der Gesellschaft konfrontiert, die ihr immer noch eine klassische Mutterrolle zuweist. Und wenn schon Arbeit, dann aber so, dass das Kind nicht drunter »leidet«. Um nicht vom Mann abhängig zu sein und ausreichend für die Rente vorzusorgen, steigen die Mütter immer eher wieder ins Berufsleben ein – ein Großteil früher, als sie eigentlich wollten, und viele auch, obwohl sie am liebsten zwei oder drei Jahre zuhause geblieben wären. Dazu kommt, dass viele Paare zu wenig verdienen, um nur von einem Gehalt zu leben – das Leben ist teurer geworden.

Das heißt, zu der klassischen Mutterrolle und dem Erwartungsdruck, die eigenen Bedürfnisse den Bedürfnissen der Familie unterzuordnen, kommt auch noch der Anspruch, Beruf und Familie miteinander zu vereinen.

Mutter-Zitat:

»Ich habe Betriebswirtschaft mit Schwerpunkt Controlling studiert und hatte eine leitende Position in unserer Abteilung. Ich verdiente vor der Schwangerschaft genauso viel wie mein Mann, der dasselbe studiert hat wie ich. Eigentlich hielt ich mich immer für emanzipiert und ich wollte nie ein Heimchen am Herd sein. Aber als ich meine Tochter im Arm hielt, warf ich alle guten Vorsätze über Bord und es wurde mir in dem Jahr Elternzeit klar, dass ich auf keinen Fall Vollzeit einsteigen kann und vor allem nicht möchte. Ich hätte es nicht übers Herz gebracht, sie acht Stunden in der Krippe zu lassen. Ich will doch etwas von meinem Kind haben! Heute arbeite ich vier Stunden am Tag und habe natürlich nicht mehr meine alte Position wieder einnehmen können. Ich verdiene weniger als mein Mann und da ich mehr Zeit zuhause bin als er, bleibt auch die Hausarbeit an mir hängen. Das wollte ich eigentlich nie und irgendwie kam es dann doch dazu. Und obwohl ich die Teilzeit selbst gewählt habe, muss ich zugeben, es belastet mich sehr. Ich fühle mich von meinen Kollegen nicht ernst genommen – und ich merke auch, dass mein Mann viel selbstverständlicher alles im Haushalt liegen lässt. Ich kann es dann wegräumen, schließlich habe ich ja so viel Freizeit, heißt es dann ...«

24 Die Kunst, keine perfekte Mutter zu sein

Eine Studie des Rheingold-Instituts ergab kürzlich, dass sich neun von zehn Frauen als »Managerin der Familie« sehen, »die den Alltag mit den Kindern organisiert«. Jede Zweite übernimmt Haushaltstätigkeiten lieber selbst, als sich mit dem Partner abzusprechen. Jede Dritte sieht im Vater ihrer Kinder sogar »ein weiteres Kind« und keine Entlastung. Laut einer Umfrage des Allensbach-Instituts sagen zwei Drittel aller Frauen und Männer, dass in ihrer Partnerschaft die Frau den Großteil der »Familienarbeit« übernehme.

Ebenfalls vom Allensbach-Institut herausgegeben wurde der Monitor »Familienleben«, der im Auftrag des Bundesfamilienministeriums erstellt wurde und eine große Lücke zwischen gesellschaftlicher Wahrnehmung und Realität offenbarte: 69 Prozent der Deutschen sind der Meinung, dass Väter sich mehr an der Kindeserziehung beteiligen als früher. Und laut Studie finden diese 69 Prozent das auch gut. Aber gleichzeitig antworteten 70 Prozent der Mütter, dass sie die Arbeit mit Haushalt und Kind nach wie vor überwiegend alleine meistern.

Noch mehr Zahlenbeispiele? Frauen in Deutschland verbringen laut OECD 164 Minuten am Tag mit Familienarbeit – also Putzen, Kochen, Bügeln, Kindern bei den Hausaufgaben helfen, Rasenmähen …. Bei Männern sind es 90 Minuten. Die Zahlen sind eindeutig: Es sind die Mütter, die auf ihre Karriere verzichten. Reine Hausfrauen sind indes nur die wenigsten unter ihnen, fast 70 Prozent der Mütter arbeiten. Allerdings zu fast 40 Prozent in Teilzeit – mit durchschnittlich 20 Wochenstunden. Höher als in Deutschland ist die Teilzeitquote unter Mütter laut OECD-Vergleich aus dem Jahre 2014 nur in den Niederlanden und in Österreich. Im Schnitt steuern deutsche Mütter gerade einmal 23 Prozent zum Familieneinkommen bei – so wenig wie in keinem anderen OECD-Land! Dafür übernehmen Frauen zwei Drittel der Hausarbeit und der Betreuung von Kindern und Angehörigen. Dabei starten Frauen und Männer mit einer ähnlich guten Ausbildung ins Berufsleben.

Woran liegen diese Unterschiede? Die Gründe sind vielfältig. Die OECD schiebt es auch auf die Betreuungsangebote für Kinder, die in Deutschland immer noch zu starre Öffnungszeiten haben. Das zwinge

Frauen dazu, ihre Arbeitszeit zu reduzieren – dafür übernehmen sie den größten Teil der Hausarbeit. Die OECD-Studie fasst zusammen: »In Ländern, in denen Frauen im größeren Umfang arbeiten und es eine gut ausgebaute und qualitativ hochwertige Kinderbetreuung wie etwa in Finnland oder Schweden gibt, teilen Eltern unbezahlte Arbeit ausgewogener auf.« Deutschland ist übrigens das einzige OECD-Land, in dem das Steuer- und Sozialsystem es ab einem bestimmten Einkommensniveau finanziell attraktiver macht, wenn die Frau deutlich weniger verdient als der Mann: Das Ehegattensplitting ist schon lange umstritten, aber bisher ist eine Abschaffung nicht in Sicht.

Wir Mütter verdienen also weniger, verzichten auf unsere Karriere und übernehmen als Dankeschön dafür den Großteil des Haushalts?! Wie kann das sein?! Einen Denkanstoß wert sind diese Statistiken auf jeden Fall. Und sie erklären zumindest teilweise den Druck, der auf den jungen Müttern von heute lastet. Eine Mehrfachbelastung, die nicht immer leicht zu schultern ist – und für die noch nicht ausreichend Lösungsansätze gefunden sind. Erst langsam findet diese Mehrfachbelastung Einzug in die öffentliche Diskussion. Auf Politik und Gesellschaft warten noch große Herausforderungen.

2 »Früher war alles besser« oder: Wie haben unsere Mütter das gewuppt?

»Eine Frau kennt zwei Lebensfragen:
Was ziehe ich an? Und was koche ich heute?«

Werbespruch aus den 50er-Jahren

Eigentlich sollte man meinen, dass die heutige Generation Mütter es wesentlich leichter habe als ihre Mütter und Großmütter. Für uns alltägliche Dinge wie Waschmaschine, Geschirrspüler oder Staubsauger waren für unsere Großmütter und teilweise auch noch für unsere Mütter Luxusartikel. Die ersten Waschmaschinen kamen erst in den 1950er-Jahren flächendeckend auf den deutschen Markt – damals noch um ein Vielfaches teurer als heute, gemessen am Einkommen. Bis dahin musste die Wäsche von Hand geschrubbt und mühsam ausgewrungen werden. Wer einmal im Urlaub mangels Waschmaschine die Wäsche von Hand gewaschen hat, weiß, wie mühsam es ist, Karottenflecken auf diese Weise aus dem Babypullover zu bekommen. Die ersten Geschirrspüler kamen ebenfalls in den 1950er-Jahren auf den Markt – wie die Waschmaschinen ungleich teurer als heutzutage –, doch sie brauchten länger, um sich in den deutschen Haushalten durchzusetzen. Und manche Großmutter erinnert sich heute noch mit Schaudern daran, wie schwere Teppiche früher mühselig zusammengerollt, nach draußen getragen und ausgeklopft wurden – während die Entstaubung heute in Minutenschnelle der Staubsauger erledigt.

Da sollte man doch meinen, dass wir heutzutage viel mehr Zeit hätten, mit all den Maschinen, die uns die Hausarbeit erleichtern. Und trotzdem haben wir das Gefühl, ständig gegen die Uhr anzurennen – und den Anforderungen einfach nicht gerecht zu werden.

»Früher war alles besser« **27**

Früher lief das Leben in anderen Bahnen ab. Meist blieb man einem Unternehmen bis zur Rente treu, Mobilität und Flexibilität waren nicht so gefragt, und die wenigsten hatten Angst, dass ihr Arbeitgeber plötzlich die Arbeitsplätze in ein anderes Land verlagern könnte. In das eigene Leben redeten einem »nur« die Leute im Dorf hinein und nicht wie heute die halbe Welt im Internet, wo einen wildfremde Leute auf Facebook anpöbeln, weil man sein Kind mit sechs Monaten abgestillt hat – oder es halt nicht getan hat. Noch nie wurden Mütter so sehr von der Öffentlichkeit beurteilt wie heute, und das, obwohl wir immer weniger Kinder bekommen.

Doch heute nimmt das Internet einen immer größeren Raum im Leben ein. Das weltweite Netz bietet Müttern zwar die Gelegenheit, wesentlich schneller an Ratschläge und Informationen heranzukommen als früher – aber die Kunst ist es, die qualifizierten Ratschläge von den Falschinformationen und Hetzereien zu unterscheiden. Lernten unsere Großeltern noch durch ihre Geschwister, was es heißt, sich um ein Baby und Kleinkind zu kümmern, tummeln sich in der heutigen Elterngeneration immer mehr Einzelkinder, denen so grundlegende Erfahrungen fehlen. Durch die zunehmende Mobilität fehlt oft auch die räumliche Nähe zu den Eltern, um mal eben schnell eine Frage zu klären und sich Unterstützung einzuholen. Die Großfamilie von früher nahm unseren Großeltern und Urgroßeltern einiges an Arbeit ab.

Das Internet hat zudem unser Lebenstempo beschleunigt: Im Sekundentakt schieben sich in den sozialen Netzwerken wie Facebook und Co. neue Mitteilungen und Statusmeldungen in unsere Timeline. Das suggeriert uns: »Immer dranbleiben, sonst verpasse ich etwas Wichtiges.« Aber wenn Sie einmal übers Wochenende nicht auf Ihre Social-Media-Posts schauen, werden Sie feststellen: Sie haben nichts verpasst. Das Problem ist nur: Man kommt kaum noch raus aus der Falle.

Die heutige Zeit mit ihren zunehmend schnellen Entwicklungen stärkt die Unsicherheit in der heutigen Elterngeneration. Nichts scheint sicher und für immer, alles kann sich auf einmal ändern, und ständig muss man sich anpassen: Das stresst. Dazu kommt die Unsicherheit in Bezug auf die Rente, die unsere Eltern so nicht kannten und die zusätzlich belastet.

Oma-Zitat:

»Als ich klein war, haben wir nachmittags mit unseren Geschwistern gespielt. Meinen Eltern wäre es nie eingefallen, mit uns Fußball oder Verstecken zu spielen. Und meine Kinder haben auch miteinander gespielt. Ich musste mit meinen Kindern nicht stundenlang Kaufmannsladen spielen und auch nicht im Sandkasten buddeln. Aber wenn ich die ganzen Einzelkinder heutzutage sehe – wer soll denn mit denen spielen? Da bleibt dann nur die Mutter.«

Rushhour des Lebens

Die Lebensphasen haben sich verschoben: Alles ist ein wenig weiter nach hinten gerückt. Der Einstieg in den Beruf, die Hochzeit, das erste Kind. 1970 war eine Frau bei der Geburt ihres ersten Kindes durchschnittlich 24 Jahre alt, so das Statistische Bundesamt. 2015 lag das Alter schon bei 29,6 Jahren – und es verschiebt sich, so der Trend, weiter nach hinten, der tickenden biologischen Uhr zum Trotz. Und so fällt das Elternwerden heutzutage in eine Zeit, in der Eltern (denn mit den älterwerdenden Müttern werden in der Regel ja auch die Väter älter) dabei sind, beruflich Karriere zu machen, ihr erstes Haus zu bauen oder zu kaufen und, je nachdem wie alt die Eltern sind, ihre eigenen Eltern zu pflegen. Kein Wunder, dass sich Eltern heutzutage mehr aufreiben als früher – denn sie haben auch mehr Herausforderungen gleichzeitig zu meistern. Herausforderungen, die sich nicht mit technischen Errungenschaften wie Geschirrspüler oder Thermomix lösen lassen. Zu den technischen Errungenschaften, die unser Leben einfacher machen, gesellten sich so einige gesellschaftliche Veränderungen hinzu, die das Leben um einiges komplizierter machen.

Die Wissenschaft nennt diese Phase im Lebenslauf zwischen 25 und 40 Jahren deshalb auch »Rushhour des Lebens«: eine Phase, die für viele Menschen mit hoher Arbeitsbelastung (man will ja Karriere machen oder zumindest seinen Job sichern) und einer Häufung wichtiger

Entscheidungen zu Beruf, Wohnort, Partnerwahl, Heirat oder Kindern einhergeht. Besonders ausgeprägt ist die Rushhour des Lebens für Eltern mit kleinen Kindern. Denn die Belastung von Kleinkindeltern ist, da sind sich alle Soziologen einig, besonders intensiv. Eine Erhebung des Deutschen Bundestages ergab schon 2006, dass die Gesamtarbeitszeit für Mütter mit Kindern unter drei Jahren bei 57 Stunden in der Woche liegt. Zur Gesamtarbeitszeit zählen unter anderem berufliche Arbeitsstunden, Haushalt und Kinderfürsorge. Diese Gesamtarbeitszeit beträgt damit 1,6-mal so viel wie bei Kinderlosen, deren Gesamtarbeitszeit bei 32 Stunden durchschnittlich liegt. Kommen die Kinder in die Schule, wird die Belastung etwas weniger, dann geht der Wert auf 52 Stunden in der Woche zurück, bei Teenagern auf 48 Stunden.

Eine Studie aus dem Jahr 2000 ergab, dass Eltern von Kindern zwischen null und neun Jahren nur drei bis zehn Stunden in der Woche als reine »Erwachsenenfreizeit«, also freie Zeit ohne die Kinder, verbringen – Kinderlose hingegen haben eine Freizeit von durchschnittlich rund 40 Stunden in der Woche.

Kein Wunder, dass Eltern von heute ständig das Gefühl haben, gegen die Uhr zu kämpfen.

Mutter-Zitat:

»Was ich den ganzen Tag mache? Ich renne. Von zuhause in den Kindergarten. Vom Kindergarten zur Arbeit. Von der Arbeit zurück in den Kindergarten. Vom Kindergarten zum Kinderturnen. Vom Kinderturnen zum Einkaufen. Vom Einkaufen nach Hause, damit das Abendbrot rechtzeitig auf dem Tisch steht. Ich renne und renne. Und ich bin trotzdem ständig zu spät dran.«

Quality Time und Quantity Time

Obwohl heute mehr Mütter berufstätig sind und Kinder früher in den Kindergarten oder die Krippe kommen, verbringen Eltern heute mehr Zeit mit ihren Kindern als noch vor 50 Jahren. Eine Studie von Forscherinnen aus Kalifornien hat dafür Eltern in elf westlichen Ländern wie Kanada, Dänemark, Frankreich und Deutschland unter die Lupe genommen und Daten von 1965 bis 2012 ausgewertet. Dabei haben Eltern ihre täglichen Tätigkeiten genau dokumentiert. Unter Kinderbetreuung wurden sämtliche Tätigkeiten erfasst, die sich um die Kinder drehen, wie Essen vorbereiten, Kinder baden, wickeln, anziehen, ins Bett bringen, mitten in der Nacht trösten, Spielen, Vorlesen oder auch bei den Hausaufgaben helfen. 1965 verbrachten Mütter demnach 54 Minuten Kinderzeit pro Tag. 2012 waren es 104 Minuten am Tag. Bei Vätern waren es 1965 16 (!), 2010 59 Minuten. Dabei verbringen, so die Studie, Mütter mit akademischem Abschluss mehr Zeit, nämlich 123 Minuten täglich, mit ihren Kindern, Frauen ohne akademischen Hintergrund 94 Minuten.

Was machten denn die Frauen 1965 anders als die Mütter heute? Das Haus sah sicherlich vielerorts blitzblanker aus als heutzutage. Weniger Mütter waren berufstätig als heutzutage und Kindergärten schlossen meist schon zur Mittagszeit – Ganztagsschulen gab es ebenfalls noch nicht. Der Umgang mit den Kindern hat sich geändert, ist intensiver geworden. Was gut für die Bindung zwischen Eltern und Kind ist und die Beziehung stärkt.

Aber wann ist es zu viel Kümmern? Wann schlägt das Kümmern in ein Verwöhnen um? Trauen wir unseren Kindern vielleicht zu wenig zu? Hat sich die Fürsorge der heutigen Eltern vielleicht zu einer Überfürsorglichkeit entwickelt, die den Kindern die Selbständigkeit nimmt und uns Eltern die Zeit für uns selbst? Wieso halten wir Eltern von heute uns für die Daueranimateure unserer Kinder und tun uns so schwer damit, auch mal Langeweile zuzulassen?

Oma-Zitat:

»Früher haben wir die Kinder nach der Schule einfach zum Spielen rausgeschickt. Da tobten sie mit den anderen Kindern aus der Nachbarschaft und kamen um sechs zum Abendbrot nach Hause. Zum Fußballverein im Dorf gingen sie alleine zu Fuß, von der Schule holten wir sie auch nicht ab. Es war ja auch immer ein anderes Kind in der Nachbarschaft, mit dem sie zusammen laufen konnten. Wir waren jedenfalls keine Alleinunterhalter für unsere Kinder und mussten sie nicht jeden Tag hin- und herkutschieren, wie die Mütter das heute machen. Wenn ich mich heute in der Nachbarschaft umschaue, dann ziehen da keine spielenden Kinder mehr durch die Straßen. Die sind alle beim Klavierunterricht oder machen einen Yogakurs. Und ihr Chauffeur ist natürlich ihre Mutter. Nein, ich beneide sie nicht darum. Weder die Kinder noch die Mütter.«

Dass Mütter sich so intensiv um ihren Nachwuchs kümmern wie heutzutage, war tatsächlich nicht immer so. Die Menschen hatten früher schlicht einfach keine Zeit dazu, ausgiebig mit den Kindern zu spielen und sie zu fördern. Babys waren im Alltag einfach dabei, entweder auf dem Rücken gebunden, wie es heute noch in vielen Ländern üblich ist, oder die Wiege wurde einfach neben das Feld gestellt, das die Mutter gerade beackern musste. Mussten die Mütter nicht arbeiten, weil sie zu einer höheren Schicht gehörten, kümmerte sich in der Regel eine Amme um die Kinder. In den bäuerlichen Schichten gab es gar keine Trennung zwischen Hausarbeit und Erwerbsarbeit, die Frauen mussten auf dem Feld genauso ran wie die Männer, jede Hand wurde benötigt. Die Kinder waren von frühauf dabei oder blieben bei den Großeltern, die zu alt für die Feldarbeit waren. Kamen die Eltern vom Feld zurück, war auch nichts mit Quality Time, denn dann war die Hausarbeit fällig, bei der Kinder schon von klein auf mithelfen mussten.

Was nicht heißen soll, dass früher alles besser war. Niemand will ernsthaft zurück in die 50er-Jahre. Aber es zeigt: So viel Zeit wie heute haben Mütter in der ganzen Menschheitsgeschichte nicht mit ihren Kindern verbracht. Und in vielen Ländern der Welt ist es auch heute nicht anders. Das viel zitierte Sprichwort vom Dorf, das es braucht, um ein Kind großzuziehen, wird zwar immer noch gerne heruntergebetet – aber in der Realität bleibt das Großziehen heutzutage den Eltern überlassen. Was im Klartext bedeutet: In den allermeisten Fällen zum größten Teil der Mutter. Früher war mehr Dorf als heute.

Das Konzept, dass Frauen ausschließlich für Haushalt und Kinder da sind, ist also gar nicht so alt und traditionell verankert, wie wir glauben – auch wenn dieser Mythos immer wieder gerne bemüht wird, wenn über berufstätige Frauen gewettert und die »gute alte Zeit« heraufbeschworen wird. Es war der Nationalsozialismus, der in den 30er-Jahren Frauen auf die Rolle der Hausfrau reduziert hat. Dinge wie das Mutterkreuz und auch die Antifrauen-Quote, die Hitler für Studentinnen einführte, befeuerten die Mütterideologie.

Die Erziehung der Kinder allerdings hatte damals nichts gemeinsam mit dem, was man heute unter fürsorgender Mutterschaft versteht. Im Sinne der Nazi-Ideologie wurden Mütter damals angehalten, Zärtlichkeiten zu unterlassen und Kinder schreien zu lassen, um sie ja nicht zu verwöhnen. Auch nach dem Zweiten Weltkrieg wurden die Frauen auf Hausarbeit und Kinder reduziert, erst in den 1970er-Jahren wurde die Vorstellung, dass Frauen ausschließlich für Haushalt und Kinder da sind, korrigiert. Von 1958 bis 1977 galt per Gesetz: »Die Frau führt den Haushalt in eigener Verantwortung. Sie ist berechtigt, erwerbstätig zu sein, soweit dies mit ihren Pflichten in Ehe und Familie vereinbar ist.« Erst 1977 wurde die »Eherechtsreform« eingeführt, mit der die Hausfrauenehe als gesetzliches Leitbild aufgegeben wurde. Ab sofort galt: »Die Ehegatten regeln die Haushaltsführung im gegenseitigen Einvernehmen. (...) Beide Ehegatten sind berechtigt, erwerbstätig zu sein.« Die Politik hat dennoch jahrelang die Rolle der Frau als Hausfrau und Mutter unterstützt und tut es auch heute noch mit dem Ehegattensplitting.

Oma-Zitat:

»Früher haben wir mit unseren Kindern zusammengelebt. Heute werden die Kinder viel zu sehr behütet und verwöhnt. Meine Schwiegertochter will ständig für meinen Enkelsohn da sein und nimmt ihm alle Schwierigkeiten ab. Dabei gibt es nun mal Erfahrungen, die man machen muss, auch schlimme Erfahrungen. Wie sollen die Kinder sich denn im Alltag zurechtfinden, wenn ihre Eltern ihnen alle Probleme aus dem Weg räumen, bis sie volljährig sind?«

Der Mythos der »sich aufopfernden Mutter«

Aus der kurzen Zeit zwischen den 1930er- und 1970er-Jahren, in denen die Mutterrolle auf Haushalt und Kind fixiert war, stammt also das bis heute geltende Bild der »sich aufopfernden Mutter«, das Frauen bis heute noch unter Druck setzt, so viel Zeit wie möglich mit ihren Kindern zu verbringen. In anderen Ländern wie Frankreich oder auch den skandinavischen Staaten (Länder, in denen die Geburtenrate übrigens höher ist als in Deutschland) ist man sich hingegen weitestgehend darüber einig, dass eine frühe Sozialisation unter Gleichaltrigen gut für die kindliche Entwicklung ist. In Deutschland und auch Österreich und der Schweiz wird hingegen immer noch gegen diese Gedanken angekämpft, allen Studien zum Trotz. Sprüche wie »in den Kindergarten abschieben« oder »ein Kind ist am besten bei seiner Mutter aufgehoben« machen das Dilemma der heutigen Mutter deutlich. Dadurch entsteht bei vielen jungen Frauen ein schlechtes Gewissen, das zum permanenten Begleiter in der Mutterschaft wird. Man zerreißt sich, um ja genug Zeit mit den Kindern zu verbringen – schließlich wird das so erwartet –, und vergisst dabei, wie wichtig es ist, auch einmal Zeit für sich und die eigenen Bedürfnisse zu haben.

Die heutigen Wahlmöglichkeiten machen das Leben nicht unbedingt leichter. Natürlich ist es ein großer Schritt nach vorne, dass wir heute die Wahl haben zwischen Ganztags- und Halbtagsplätzen im Kindergarten (zumindest theoretisch, in der Praxis sieht es leider nicht immer so einfach aus). Natürlich ist es eine Erleichterung, dass wir uns heute zwischen verschiedenen Erziehungsmodellen entscheiden können, die Wahl haben zwischen Montessori, Waldorf, Waldkindergarten oder der städtischen Kita und genauso zwischen endlos vielen Kinderkurs-Angeboten – aber viele Wahlmöglichkeiten machen das Leben auch kompliziert. Ständig müssen wir uns entscheiden, Vor- und Nachteile abwägen, mit der Konsequenz, dass wir viel zu viel Zeit mit dem Lesen von Zeitungsartikeln und Erfahrungsberichten verbringen und versuchen zu ergründen, was für uns, unser Leben und unsere Familie denn nun das Beste ist. Denn mit den Wahlmöglichkeiten hat auch die Angst Einzug gehalten, sich falsch zu entscheiden – eine zusätzliche Belastung im heutigen Elternalltag.

Oma-Zitat:

>»Manchmal schaue ich meine Tochter an und habe Mitleid mit ihr.
> Denn das Muttersein war früher einfacher. Ich hätte mir damals die
> Wahlmöglichkeiten von heute gewünscht – aber wenn ich ehrlich
> bin, war unser Leben ohne diese Wahlmöglichkeiten leichter. Der
> Kindergarten hatte nur bis 13 Uhr auf, also konnte man gar nicht
> länger arbeiten. Alle Mütter kamen gleichzeitig, um ihre Kinder
> abzuholen, kein Kind musste länger dableiben als die anderen.
> Wir mussten uns nicht zwischen verschiedenen Kindergärten oder
> Grundschulen entscheiden, denn alle Kinder mussten auf die nächst-
> gelegene Schule gehen. Heute hingegen müssen Eltern alles ab-
> wägen – darum beneide ich sie wirklich nicht!«

Das Gefühl, einfach nicht genug Zeit zu haben, betrifft ja nicht nur Eltern – es ist ein gesamtgesellschaftliches Phänomen, auch wenn die »Rushhour des Lebens« sicher eine besondere Belastung für die heutige Elterngeneration darstellt. Laut Statistischen Bundesamt haben die Menschen vor 40 Jahren durchschnittlich 18 Minuten am Tag gelacht. Heute verbringen die Menschen ganze sechs Minuten täglich mit Lachen. Wo ist unser Lachen geblieben?

3 Mütter unter Druck

Fragt man Mütter, wie sie ihren Alltag organisiert bekommen, dann hört man oft – viel zu oft – eine dieser Antworten.

»Ich muss nur die Zähne zusammenbeißen, dann schaffe ich das auch.«

»Wer sich anstrengt, bekommt das auf die Reihe.«

»Man muss es nur wirklich wollen, dann erreicht man auch sein Ziel.«

»Wenn du es nicht schaffst, bist du selbst schuld.«

»Irgendwann wird es ja besser werden, bis dahin muss ich mich halt ein wenig zusammenreißen.«

»Nach dem nächsten Urlaub wird alles anders.«

»Ohne mich würde hier zuhause gar nichts mehr funktionieren. Ich kann es mir nicht erlauben, auszufallen.«

»Hauptsache, meinen Kindern geht es gut. Da muss ich halt als Mutter mal zurückstecken.«

»Was sollen denn die anderen denken? Dass ich meinen Haushalt nicht im Griff habe?«

»Wenn ich meine Arbeit nicht richtig schaffe, bin ich beim Chef auf der Abschussliste.«

Irgendwo zwischen Kinderabholen und dem Weg zur musikalischen Früherziehung ist die Lockerheit verloren gegangen. Denn die Ansprüche an die Mütter von heute sind gestiegen. Die Ansprüche kommen von allen Seiten. Von den Medien, der Politik, von Zeitschriften, Blogs, Großeltern, Schwiegereltern, Arbeitgebern und von anderen Müttern. Alle wollen einem reinreden in die eigentlich privateste Sache der Welt: das Familienleben. Ungebetene Ratschläge kommen von allen Seiten und wenn sie nicht ausgesprochen werden, dann sind es die hochgezogenen Augenbrauen oder das Augenverdrehen, die einen daran erinnern, dass man alles auch ganz anders machen könnte, sollte, müsste. Das permanente Gefühl, unter Beobachtung zu stehen, sorgt bei vielen Müttern für einen Druck, alles so perfekt wie möglich zu machen und dabei vor allem eines aus den Augen zu verlieren: sich selbst. Da werden die Zähne zusammengebissen, die Signale des Körpers ignoriert – bis es nicht mehr geht. Nur um es ja allen recht zu machen.

Kaum hat man den positiven Schwangerschaftstest in der Hand, kommen die ungebetenen Ratschläge von allen Seiten. Jeder meint, es besser zu wissen, alle reden einem hinein, mal lauter, mal subtiler. Und den Überblick zu behalten, ist schwer. Denn Mütter von heute müssen sich ständig entscheiden, und es werden Glaubenskämpfe um viele Themen ausgefochten: selbstgekochter Brei oder Gläschen?! Tagesmutter oder Krippe? Ab drei oder schon mit einem Jahr? Stoffwindeln oder Wegwerfwindeln? Trinkflaschen aus der Drogerie oder Öko-Bio-Spezialflaschen aus dem Versandhandel? Autositz oder Reboarder? Stillen oder Fläschchen? Wenn Stillen, wie lange? Die Liste dieser Fragen könnte endlos weitergeführt werden. Gerade Eltern, die ihr erstes Kind erwarten, könnten angesichts der Entscheidungen verzweifeln. Ein Kinderwagenkauf kann da komplizierter als ein Gebrauchtwagenkauf werden. Auch was den Preis angeht.

Mutter-Zitat:

»Egal, was ich mache, wenn meine Schwiegermutter zu Besuch ist, wird gemeckert. Ich mache in ihren Augen einfach alles falsch. Ich traue mich auch gar nicht mehr, zu sagen, dass ich mal eine Pause brauche oder müde bin. Sie denkt ja eh, dass ich überfordert bin, und lässt es mich ständig spüren. Meinen Mann hat sie damit auch schon angesteckt: Von ihm kommen auch ständig Kommentare, dass ich mich nicht so anstellen soll. Also putze ich abends, wenn unsere Tochter im Bett ist, die Küche blitzeblank, obwohl ich dringend eine Pause bräuchte.«

Der Zwang, eine perfekte Mutter zu sein

Die Medien und das Internet befeuern das perfekte Mutterbild. Sie zeigen Bilder von Filmstars und Models, die sechs Wochen nach der Entbindung wieder rank und schlank und ohne eine Spur von Schwangerschaftsstreifen am Strand spazieren gehen oder ihre perfekt herausgeputzten Kinder präsentieren – ohne breiverschmierte Gesichter oder einen Hauch von einem Trotzanfall. Einen Star, der es seit vier Tagen nicht geschafft hat zu duschen und im Jogginganzug mit Augenringen gegen Wäscheberge kämpft, bekommt man bei Instagram und Co. eher selten bis gar nicht zu sehen. Oder wenn, dann wird diese Unperfektheit ebenfalls perfekt inszeniert. Perfekt unperfekt eben.

Mutter-Zitat:

»Ich habe mich vor kurzem bei Instagram abgemeldet. Es hat mich so genervt, ständig Fotos von perfekt gestylten Kindern und klinisch weißen Wohnzimmern zu sehen. Noch schlimmer waren die Fotos von den Kinderzimmern, die bei Instagram gezeigt werden: pastellfarben, alles in Reih und Glied, lustige Wimpelketten und nie ein schiefliegendes Legosteinchen. Ich weiß nicht, ob in diesen Räumen überhaupt Menschen leben – ganz ehrlich, es sieht irgendwie nicht so aus. Das echte Leben ist es jedenfalls nicht.«

Unperfekt
lebt es
sich besser.

Die Medien suggerieren auch in der Werbung das Bild der perfekten Familie mit strahlenden Kinderaugen und glücklichen Eltern, die natürlich ein perfektes Zuhause haben – wo das weiße Sofa nie im Leben mit Filzstift bemalt wird oder die Hälfte des Abendessens unterm Esstisch landet. Es entsteht oft ein verklärtes Bild über das Leben mit Kindern und über die erste Zeit mit Baby – was falsche Erwartungen weckt. In vielen Fällen überzogene Erwartungen, die unweigerlich bei vielen zur Enttäuschung und Ernüchterung führen.

Mutter-Zitat:

»Wenn ich Bekannte treffe, werde ich immer gefragt, wie es dem Baby geht. Nie fragt jemand, wie es mir denn geht! Seit Clara auf der Welt ist, scheine ich nicht mehr zu existieren. Als ob ich nichts zähle, als ob es egal ist, wie es mir geht. Ist es denn zu viel verlangt, auch mal zu fragen, was ich so mache und wie es mir geht?!«

Denn das Leben mit Kindern ist nicht immer rosarot! Natürlich schlummern Babys mit so süß zusammengeballten Fäusten und machen lustige Glucksgeräusche, bei denen einem das Herz schmilzt. Und ein Baby im Arm zu halten, ist natürlich ein unvergleichliches Gefühl. Aber Babys schreien, sie machen in die Windel, und zwar oft in den unpassendsten Momenten. So gut wie jede frischgebackene Mutter kennt den Tag, an dem sie abends feststellt, dass sie immer noch im Schlafanzug herumläuft und noch nicht einmal dazu kam, sich umzuziehen.

Kinder bekommen Wutanfälle, kleckern beim Essen den teuren Perserteppich voll und trödeln beim Anziehen. Die Waschmaschine läuft jeden Tag und dennoch wächst der Wäscheberg ins Unermessliche. Geschwister streiten sich und abends will keiner zuerst ins Bett. Und sind sie endlich im Bett, müssen sie noch dreimal auf die Toilette oder einen Schluck Wasser trinken.

Das Leben mit Kindern ist oft ganz schön anstrengend – und keiner bereitet einen darauf vor, wie es ist, wenn kurz bevor der Bus zum

Termin beim Kinderarzt fährt, das Baby die Windel zum Überlaufen bringt und komplett umgezogen werden muss.

Mutter-Zitat:

>»Ich hätte nicht gedacht, dass es so anstrengend ist, ein Baby zu haben. Ich hatte diese ganzen schönen Bilder im Kopf vom gemeinsamen Kuscheln – aber keiner hat mir gesagt, wie anstrengend es ist, einem Baby stundenlang die Rassel wieder aufzuheben, Windeln zu wechseln und Brei zu füttern.«

Die Mär von der immer glücklichen Mutter

Macht Mutterschaft per se Frauen glücklich? Es herrscht eine Art gesellschaftlicher Konsens, dass Mütter bitte schön in ihrer Mutterrolle aufgehen, voll dadurch erfüllt werden, für die Familie da zu sein haben, und sich aufopfern und immer und stets glückselig sein sollten. Die Debatte um das Thema »Regretting Motherhood« zeigte, wie sensibel es ist, anzusprechen, dass nicht jede Mutter sich in ihrer Mutterrolle wohlfühlt. Der Aufschrei in den Medien und das teilweise ausgesprochene Entsetzen darüber, wie eine Mutter »so etwas« sagen kann, machten deutlich, dass es für viele immer noch ein Tabu ist, dass bei Müttern nicht nur eitel Sonnenschein herrscht. Frauen, die dieses Tabu brechen, wird kurzerhand zumindest unterstellt, sie seien abnormal, wenn nicht sogar psychisch gestört – anstatt zu hinterfragen, ob die Erwartungshaltung gegenüber Müttern nicht unrealistisch ist, oder sich gar Gedanken zu machen, woher solche Gefühle kommen.

Der gesellschaftliche Druck führt dazu, dass sich Frauen in den Momenten als Versagerin fühlen, in denen sie mal nicht die Erwartungen erfüllen, die die Gesellschaft, die Medien, die eigenen Eltern oder andere Mütter an sie haben. Was wiederum dazu führt, dass viele Frauen ihre Sorgen und Gedanken in sich hineinfressen, anstatt sie mit anderen zu teilen. So werden die Zähne so lange zusammengebissen, bis es einfach nicht mehr geht.

Mutter-Zitat:

»Ich weiß nicht, wie oft ich schon wegen Kleinigkeiten losgeheult habe. Einfach nur dastand und vor meinen Kindern mit den Tränen kämpfte. Hinterher habe ich mich immer furchtbar geschämt. Meinem Mann habe ich davon noch nichts erzählt. Er würde es nicht verstehen und mich für total durchgedreht halten. Ich habe es auch sonst niemandem erzählt – was sollen die denn denken? Dass ich überfordert bin? Das bin ich tatsächlich, aber ich kann gar nicht genau sagen, was mich eigentlich so sehr überfordert. Ich weiß nur, dass es so nicht mehr weitergeht.«

Dabei ist es ganz normal, als Mutter nicht permanent in der rosaroten Wolke zu schweben. Es ist völlig normal, auch mal müde, genervt und unglücklich zu sein. Jede Mutter, die sich selbst gegenüber ehrlich ist, kennt den Moment, in dem sie sagt oder denkt »ich kann nicht mehr« – und diesen Moment erleben Mütter nicht nur einmal im Leben. Diese negativen Gefühle sind ganz normal – leider werden sie oft als nicht normal dargestellt. Vielen Müttern ist vor der Geburt ihres ersten Kindes nicht klar, dass auch diese Gefühle auf sie zukommen werden. Sie berichten, dass sie vollkommen ahnungslos und mit absolut falschen Vorstellungen an das Elternleben herangingen.

»Eine gute Mutter ist selbstlos bis zur Selbstaufgabe« – das ist immer noch ein Bild, das viele im Kopf haben. Aber kann das denn wirklich sein? Dass man als »gute Mutter« seine eigenen Bedürfnisse hintanstellen muss, um die Ansprüche der anderen zu erfüllen? Nein. Das kann nicht sein! Das sollten wir Mütter uns immer wieder klarmachen.

Die Ansprüche an die heutigen Mütter

Die Ansprüche an Mütter sind so hoch, dass sie unmöglich alle zu erfüllen sind – egal, wie man sich anstrengt, was bei vielen Müttern ein Gefühl des Scheiterns auslöst. Es herrscht eine Art Glaubenskrieg um die richtige Art des Stillens, Wickelns, Fütterns und der Erziehung

Ein
Kinderwagenkauf
kann schnell komplizierter
werden als ein
Gebrauchtwagenkauf.

(und jeder, wirklich jeder meint es besser zu wissen). Nicht minder anstrengend ist der Wettbewerb darum, wann das Kind den ersten Schritt macht und zum ersten Mal alleine Fahrrad fährt. »Ich muss mich nur richtig um mein Kind kümmern, dann ist es auch vorne mit dabei«, denken sich viele Mütter – und fühlen sich dann dafür verantwortlich, dass der kleine Max seinen ersten Schritt erst mit 16 Monaten macht und nicht schon mit 12 Monaten wie die kleine Sophie. Der Gedanke »Ich muss mein Kind bestmöglich fördern, sonst hat es keine Zukunft« manifestiert sich schon im Babyalter und führt zu immer absurderen Kursangeboten schon für die Allerkleinsten wie Englisch für sechs Monate alte Babys oder musikalische Talentförderung für Kinder ab einem Jahr.

Fördern, was das Zeug hält

Und es wird ja nicht besser, wenn die Kinder größer werden: Im Kindergarten und in der Schule versuchen immer mehr Eltern, ihre Kinder bestmöglich zu fördern, was zu immer mehr Frühförderungsangeboten führt. Um ja keine »Zeitfenster« zu verpassen, werden Kinder schon mit drei in den Malkurs gesteckt. Mal ganz ehrlich: Wozu braucht ein Dreijähriger Malunterricht?! Wer einmal gesehen hat, wie kreativ ein Kindergartenkind malt und wie sehr es in dem versinkt, was es tut, der versteht, wie überflüssig Malkurse sind, die den Kindern möglichst früh beibringen wollen, wie man eine »richtige« Katze malt. Der Förderwahn führt bis zu der Absurdität, dass Kinder, die »nur« eine Zwei haben, zur Mathenachhilfe geschickt werden – in der zweiten Klasse, versteht sich. Denn Klein-Johann soll ja mithalten und die Weichen für die Zukunft werden immer früher gestellt.

Der gestiegene Druck der Wirtschaft auf die Schulen wird an die Eltern weitergegeben. Dabei erreichen heute 50 Prozent aller Schüler die Hochschulreife, so viele wie nie zuvor. Ist das denn nichts?! Ist das denn nicht Grund genug, sich auch mal zu entspannen in Sachen Bildungsdruck? Durch die vieldiskutierten PISA-Studien hat sich viel verändert. Einfach mal die Zeit »verschwenden« ist heute fast schon verpönt. Jede freie Minute soll sinnvoll genutzt werden – also im

Sinne von »pädagogisch sinnvoll«. Nicht einmal mehr die Sommerferien bleiben, um einfach mal in den Tag hineinzuleben. Erinnern wir uns nicht alle noch an diese heißen, langen Tage, an diese sechs Wochen Ferien, die dann doch viel zu schnell vergingen? Dieses herrliche Gefühl, einfach mal nichts zu müssen? Diesen Luxus verwehren immer mehr Eltern ihren Kindern, um sie ja »bestmöglich« für die Schule vorzubereiten. Jedes Freizeitangebot scheint heutzutage pädagogisch sinnvoll sein zu müssen, um die lieben Kleinen ja bestmöglich zu fördern. Spaß? Das steht häufig gar nicht mehr zur Debatte.

Spielten Kinder früher einfach den ganzen Nachmittag vor sich hin, werden sie heute von Nachmittagskurs zu Nachmittagskurs gefahren. Auf Müttern lastet die Erwartung, sich rund um die Uhr ums Kind zu kümmern und es bestmöglich in seiner Entwicklung zu unterstützen. Wer nur mal in Ruhe zehn Minuten einen Kaffee trinken will, gilt bei vielen schon als Rabenmutter. Viele Mütter fühlen sich dafür verantwortlich, dass aus ihrem Kind »nichts wird«. Was auch immer das heißen soll. Ist ein Kind, das es nicht aufs Gymnasium schafft, per se schon ein Versager?! Hört man sich unter den heutigen Eltern um, bekommt man fast genau das Gefühl. Seit wann reicht »durchschnittlich« nicht mehr? Wieso streben wir heutzutage ständig nach neuen Bestleistungen? Wieso sind wir mit einem »Befriedigend« nicht mehr zufrieden? Wieso stecken Eltern heutzutage so viel Energie in die Förderung der Kinder, anstatt einfach mal auf ihre Fähigkeit zu vertrauen? Wir müssen uns immer wieder klarmachen: Wir Eltern sind nicht allein dafür verantwortlich, wie schnell unsere Kinder laufen, sprechen oder schreiben lernen!

Nicht selten bekommen Erzieherinnen im Kindergarten von den Eltern vorgeworfen, die Kinder würden »zu viel spielen« und zu wenig »Förderangebote« bekommen. Dabei ist das freie Spiel die beste Vorbereitung auf das Leben – wie immer mehr Studien übereinstimmend zeigen. Durch das freie Spiel erwerben die Kinder die wichtigen sozialen Fähigkeiten, die sie brauchen, um durchs Leben zu kommen. Sie lernen, sich in einer Gruppe zu arrangieren, Regeln zu akzeptieren, sich um Jüngere und Schwächere zu kümmern, Konflikte eigenständig zu lösen, auch mal nachzugeben, gemeinsam Lösungen zu finden und vieles mehr. Gleichzeitig werden sie dadurch bestens auf die Schule vorbereitet: Sie lernen Kreativität, logisches Denken, einfaches Rechnen, das Finden von Lösungswegen und das Wiedererkennen von Mustern. Kinder haben einen natürlichen Bewegungsdrang, sie wollen toben, klettern, herumspringen, anstatt stundenlang still zu sitzen. Dieser Bewegungsdrang hat seinen Sinn: Denn durch das Klettern, Balancieren und Toben wird der Gleichgewichtssinn geschult, werden die Muskeln gekräftigt und viele Sinnesreize geschaffen.

Und dafür reicht das tägliche Toben im Garten oder auf dem Spielplatz – es muss nicht zweimal die Woche Kinderturnen sein und schon gar kein Kinderyoga! Bewegung an der frischen Luft und der Kontakt mit Naturmaterialien wie Matsch oder den gern gesammelten Ästen und Steinen schulen die Sinne der Kinder mehr als jede theoretische Indoorwissenseinheit.

Mutter-Zitat:

»Montags sind wir beim Kinderyoga. Mats geht so gerne da hin. Dienstags sind wir bei der musikalischen Früherziehung, daran hat Mats besonders viel Spaß! Und mittwochs gehen wir schwimmen, donnerstags ist der Malkurs, da wollte Mats unbedingt hin, als ich ihn fragte. Er ist jetzt fünf und ich finde es wichtig, dass er so viele Interessen wie möglich ausprobiert. Bald beginnt ja auch die Schule, da soll er gut vorbereitet sein.«

Auch wenn viele Eltern es heutzutage zu glauben scheinen und in einen wahren Überbietungswahn ausbrechen: Nein, Ihr Kind muss nicht bereits vor der Einschulung lesen, schreiben und im Zahlenraum bis 100 rechnen können. Denn das zu vermitteln, dafür ist die Schule da. Deshalb können Sie Ihr Kind ohne schlechtes Gewissen den ganzen Nachmittag draußen toben lassen, anstatt es für den anstehenden Schulbeginn pauken zu lassen. Ja, allen Ernstes: Ich habe von Eltern gehört, die ihre Kinder im letzten Kindergartenjahr bereits »Hausaufgaben« machen lassen, damit sie pünktlich mit dem Schulbeginn flüssig lesen und schreiben und die Tiefen der Multiplikation und Division kennen! Sparen Sie sich diesen Stress. Und sparen Sie Ihrem Kind diesen Stress. Halten Sie sich aus diesem Wettbewerb raus. Er setzt Sie und Ihr Kind nur unnötig unter Druck. Lassen Sie Ihrem Kind die unbeschwerte Kindheit. Nehmen Sie ihm nicht die Möglichkeit, all die Erlebnisse zu haben, die man nur im freien Spiel hat!

Wettbewerb unter Müttern

Und es geht ja noch weiter mit den Ansprüchen, die an uns Mütter gestellt werden! War es früher absolut in Ordnung, gekaufte Einladungskarten zu Kindergeburtstagen zu verschicken oder einen schnöden Marmorkuchen mit zum Kindergartenfest zu nehmen, werden die Ansprüche heutzutage immer verrückter. In manchen Kreisen überbieten sich die Mütter mit noch kreativeren und aufwändigeren Einladungskarten und noch größeren Torten, natürlich mit Regenbogenmuster und gerne auch einem Einhorn obendrauf. Der DIY-Trend der vergangenen Jahre hat bei Müttern zu einem Bastel-Wettbewerb geführt. Alles muss selbstgemacht sein: Wer hat den schönsten selbstgenähten Turnbeutel? Wer hat die originelleren Mitbringsel beim Kindergeburtstag? Wer hat die kreativere Schultüte? Es gibt sogar Schulen, die tatsächlich den Eltern mitteilen, man erwarte, dass die Schultüten selbst gebastelt werden (mit welchem Recht, das sei dahingestellt). Als ich meinen Sohn fragte, ob er mit mir zusammen seine Schultüte basteln wolle, schaute er mich verständnislos an. Er wollte doch lieber eine gekaufte, die mit den Dinos drauf, die er mal gesehen habe, die sei toll. Also spare ich mir das Basteln und gehe einfach in den Laden – und habe am Ende strahlendere Kinderaugen als mit einer mühsam selbstgebastelten Schultüte. Hätte ich meinen Sohn nicht gefragt, hätte ich mir also ganz unnötigen Stress auf die Schultern geladen.

Der Wettbewerb wird durch soziale Medien wie z. B. Instagram und Facebook noch weiter angeheizt. Die neueste Tortenkreation und die selbstgebastelte Kinderzimmerdekoration werden dort laufend von stolzen Müttern präsentiert. Je komplizierter, desto mehr Herzen und Daumen-hoch von den anderen gibt es. Und manche Mutter bekommt

ein schlechtes Gewissen, wenn sie ob der Regenbogentortenflut ihren eigenen Marmorkuchen anschaut. Aber fragen Sie mal Ihr Kind, was es sich für einen Kuchen zum Geburtstag wünscht? Die meisten Kinder werden Marmorkuchen super finden, Hauptsache, Sie dekorieren ihn mit Smarties und Gummibärchen! Seien wir doch einmal ehrlich: Diese ganzen komplizierten Basteleien, die machen wir doch nicht für unsere Kinder. Und auch nicht für uns. Sondern um vor anderen möglichst gut dazustehen. Ist es diesen Stress wert? Ist man nur dann eine gute Mutter, weil man eine dreistöckige Torte mit zum Kindergartenfest nimmt?

Mutter-Zitat:

»Ich habe gestern bis Mitternacht in der Küche gestanden, um meinem Sohn eine echte Feuerwehrmann-Sam-Torte zum Geburtstag zu backen. Ich hatte das bei Instagram gesehen und da er so ein Feuerwehrmannfan ist, wollte ich ihn damit überraschen. Alles, was er heute sagte, war: Wo sind die Smarties? Ich hätte heulen können. Drei Stunden habe ich an der Verzierung gesessen, obwohl ich so müde war und am liebsten ins Bett wollte. Und er meckert rum, weil keine Smarties darauf waren. Ich habe aber nur gelacht, ich wollte ja nicht die gute Stimmung verderben.«

Der Druck, ein perfektes Kind haben zu wollen

Nicht selten zerbrechen Frauen auch an dem Druck, ein perfektes Kind haben zu wollen. Wobei das Bild eines perfekten Kindes natürlich von der Werbung und der Außenwelt diktiert ist. Ihr Kind schläft noch nicht durch, obwohl es schon zwei Jahre alt ist? Egal, was Ihnen Ihre Freundinnen sagen, es ist durchaus normal und kommt häufiger vor, als Sie denken. Ihr Kind spricht mit zwei Jahren erst Zweiwortsätze, während der Nachbarssohn schon ohne Punkt und Komma plappert? Die Unterschiede sind in dem Alter völlig normal und kein Grund zur Sorge. Geben Sie Ihrem Kind die Zeit, die es braucht. Es muss auch nicht mit drei Jahren schon Fahrrad fahren und mit vier das Seepferd-chen machen. Jedes Kind hat sein eigenes Tempo. Falls es in der Ent-wicklung wirklich gravierende Auffälligkeiten gibt, können Sie Ihrem Kinderarzt vertrauen: Der wird Sie bei einer der U-Untersuchungen sicher darauf hinweisen, wenn etwas abklärungs- oder gar behand-lungsbedürftig ist.

Mutter-Zitat:

»Wir sind jetzt einmal die Woche bei der Logopädie, weil Johann mit seinen zwei Jahren immer noch keine ganzen Sätze spricht. Meine Mutter findet das übertrieben und sagt, das lerne er schon noch. Unser Kinderarzt wollte eigentlich auch erst abwarten. Ich hab mir dann die Überweisung bei einem anderen Kinderarzt geholt, den mir eine Freundin empfohlen hat. Natürlich hat jedes Kind sein eigenes Tempo. Aber alle anderen in der Krippe sind schon viel weiter und ich habe Angst, dass Johann den Anschluss verpasst.«

Ihre Kinder haben ständig zerrissene Hosen, zerstrubbelte Haare und schon nach dem Frühstück Marmeladenflecken auf dem Pulli? So sieht das aus bei Kindern, die Kinder sein dürfen! Wissen Sie was? Diese adrett gekleideten Kinder aus der Werbung mit den blüten-weißen Kleidchen gibt es in Wahrheit gar nicht. Ihr dreijähriges Kind schreit ständig herum, bekommt Tobsuchtsanfälle in der Öffentlich-keit? Das nennt man Trotzphase oder auch Autonomiephase und es ist kein Grund zum Schämen. So gut wie alle Eltern müssen da durch. Ge-rade wenn Kinder ihre Gefühle noch nicht regulieren können, ver-ursacht das bei vielen Müttern Stressgefühle. Oft, weil sie selbst nicht gelernt haben, ihre eigenen Gefühle zu regulieren. Aber egal, ob Ihre Kinder dem Idealbild eines Kindes entsprechen – es sind Ihre Kinder und sie sind perfekt, wie sie sind, mit allen Fehlern und Macken. Ge-nauso wenig wie SIE eine perfekte Mutter sein müssen, müssen Ihre Kinder perfekte Kinder sein! Was soll das eigentlich sein, ein perfektes Kind?

Gerade weil wir heutzutage weniger Kinder bekommen als früher – und das auch immer später –, sollen unsere Kinder möglichst vollkommen sein. Und wir als Mütter auch. Wenn man nur ein Kind auf die Welt bringt, soll es möglichst wohlgeraten sein und am besten einen Universitätsabschluss anstreben. Alle Energie wird dort hineingesteckt – und auch die Zeit mit dem Kind soll so gelungen und ideal wie möglich sein. Man will möglichst alles richtig machen als Mutter von heute. Nach dem Motto: Wir haben nur einen Versuch und der muss gelingen.

Bei allen Anforderungen – den eigenen und denen der Gesellschaft – kommt neben den Kindern eine zu kurz: die Mutter selbst. Denn ihre eigenen Ansprüche werden vernachlässigt, um allen anderen zu genügen. Es wird Zeit, genau das zu ändern.

Mutter-Zitat:

»Mein Mann macht mich wahnsinnig. Wenn er abends nach Hause kommt, setzt er sich ganz selbstverständlich mit der Zeitung an den Tisch, während ich die Kinder beschäftige und gleichzeitig das Essen mache. Dasselbe am Wochenende: Er sagt ganz selbstverständlich, dass er jetzt noch mal los muss zum Schuhekaufen. Oder er verschwindet einfach in seine Werkstatt und bastelt am Motorrad – ohne zu fragen, ob ich was anderes vorhabe. Mir würde es nie einfallen, einfach so zum Schuhekaufen in die Stadt zu gehen, ohne es vorher abzuklären. Vielleicht sollte ich das mal machen. Oder mich samstags einfach aufs Sofa setzen und lesen.«

Wieso schauen wir uns nicht ab und zu auch mal etwas von unseren Männern ab? Denn die machen oft Karriere, hängen sich in den Job rein und gehen dann wie selbstverständlich nach Feierabend ins Fitnessstudio. Oder mit Freunden ein Bier trinken. Ohne dass es einen Aufschrei gibt. Väter brauchen Erholung von der Arbeit: ein allgemein akzeptierter Grund. Wagt man das als Mutter, kann man sich sicher sein, dass von irgendjemanden die Schelte kommt: Wie kann sie nur ihre Kinder so vernachlässigen! Moment mal. Haben Mütter nicht auch das Recht, sich zu erholen?

Viele Mütter haben ein zu geringes Selbstwertgefühl. »Ich kann es niemandem recht machen« ist ein Standardsatz, den man von vielen Müttern kennt. Arbeitet man Vollzeit, wird man als Rabenmutter beschimpft. Arbeitet man gar nicht, ist man die Glucke, die sich nicht von ihren Kindern lösen kann. Arbeitet man Teilzeit, will man keine Karriere machen und ist gleichzeitig eine Rabenmutter, die ihre Kinder in die »Fremdbetreuung abschiebt«. Was sollen wir Mütter denn nun machen?!

Am besten: unseren eigenen Weg gehen. Da man es nie allen recht machen kann, sollte man es auch gar nicht erst versuchen.

Die härtesten Kritiker sind die anderen Mütter

Mütter gegen Mütter ist schon mehr als ein neuer Trend geworden. Gerade an klassischen Streitthemen wie Stillen oder Familienbett scheiden sich die Geister. Anstatt andere Erziehungsstile stillschweigend zu respektieren und hinzunehmen, wird der Ton immer rauer. Es bleibt längst nicht nur dabei, dass andere belächelt werden und man sich vielleicht ein bisschen darüber lustig macht. Mütter machen sich gegenseitig das Leben schwer, lästern hinter dem Rücken anderer und verurteilen sie ungefragt. Gerade in Erziehungsfragen treffen Mütter auf eine Art Minenfeld aus Dogmen und Ideologien – und ihnen wird mehr oder minder direkt unterstellt, wenn sie dies oder jenes nicht täten oder ließen, seien sie schlechte Mütter. Oft entstehen diese so genannten »Mommywars« gerade dadurch, dass sich Mütter schlecht oder unsicher fühlen, sich rechtfertigen wollen und versuchen, sich selbst dadurch aufwerten, dass sie über andere Mütter herziehen. Der Versuch, sich selbst aufzuwerten, indem man andere abwertet: Dabei kann es eigentlich nur Verlierer geben.

Dabei hat im Endeffekt niemand recht. Jede Familie hat einen anderen Lebensentwurf und es gibt bei jedem Lebensentwurf Gründe dafür und dagegen. Was bei der einen Mutter funktioniert, klappt bei der nächsten gar nicht, was dem einen Kind guttut, taugt für das andere nicht. Es gibt nicht nur den einen wahren und richtigen Weg, ein Kind

aufzuziehen. Umso angenehmer wäre es, wenn mehr Mütter nach dem Prinzip »Leben und leben lassen« verführen – es sei denn, man beobachtete tatsächliche Gefährdungen des Kindeswohls, wie Schläge oder Unterernährung. Aber mal ehrlich: In den meisten Fällen, in denen gelästert wird, ist davon doch nicht mal ansatzweise die Rede. Nein, meistens wird gemeckert, weil jemand es schlicht anders macht.

Dabei könnten Mütter mit Zusammenhalt mehr erreichen – für ihre Kinder und für sich selbst. Wenn wir gemeinsam an einem Strang ziehen, dann sind wir auch gemeinsam stark und können besser gegenüber der Politik und Gesellschaft für unsere Belange eintreten. Anstatt uns gegenseitig fertigzumachen, zu kritisieren und zu belächeln, sollten wir offener aufeinander zugehen und den Lebensweg der anderen einfach akzeptieren. Das würde uns allen das Leben leichter machen!

Mutter-Zitat:

> »Die schlimmsten Kommentare kommen von anderen Müttern. Das sind oft so nebenbei fallengelassene Kommentare wie ›Sechs Stunden im Kindergarten ist ja auch ein ganz schön langer Tag‹. Beim ersten Mal kann man noch drüber hinweghören, aber auf Dauer zermürbt es einen.«

Der Spagat zwischen Beruf und Familie

Wie sich der vielzitierte Spagat zwischen Beruf und Familie anfühlt, davon bekommen viele Mütter einen kleinen Vorgeschmack, wenn sie ihrem Arbeitgeber ihre Schwangerschaft verkünden. Nach den Glückwünschen folgt nämlich oft ein langes Gesicht, wie Mütter immer häufiger berichten. Entweder ganz offen oder hinterm Rücken der werdenden Mutter. Kein Wunder, dass nur 21 Prozent der deutschen Frauen glauben, dass Kind und Karriere miteinander zu vereinbaren sind, so eine Umfrage der Thomson-Reuters-Stiftung und der Rockefeller-Stiftung. Sie befragten Frauen in den 20 wichtigsten Industrie-

und Schwellenländern. Nur Japans Frauen sind mit 17 Prozent noch weniger zuversichtlich als die deutschen Frauen.

Es sind wieder einmal die widersprüchlichen Erwartungen der Gesellschaft, die Müttern das Leben schwer machen. Einerseits sollen Frauen berufstätig sein, um ja nicht vom Ehemann abhängig zu sein und am Ende in Altersarmut zu enden, andererseits sollen sie ihre Mutterrolle weiter voll erfüllen – der »deutsche Müttermythos« lässt grüßen. Das führt zu einem Spagat, der eigentlich nicht zu bewerkstelligen ist. Niemand würde auf die Idee kommen, einen berufstätigen Mann zu fragen, wie er das mit Kinderbetreuung hinbekommen möchte – berufstätigen Frauen wird diese Frage ständig gestellt. Und mit der Frage geht meistens ein Zweifel einher: »Das schafft die doch eh nicht.«

Mutter-Zitat:

> »Wenn mein Mann arbeitet, dann arbeitet er. Er konzentriert sich nur auf die Arbeit. Wenn ich arbeite, dann habe ich ständig die Abholzeiten vom Kindergarten im Hinterkopf und die Hausaufgaben, die am Nachmittag gemacht werden müssen. Ach ja, und dann ist da noch der Haushalt, das Einkaufengehen und Essenkochen. Auch daran muss ich bei der Arbeit ständig denken.«

Die Vereinbarkeit von Beruf und Familie ist immer noch keine Selbstverständlichkeit. Ein Betreuungsplatz ist trotz aller politischen Bemühungen immer noch nicht einfach zu finden. Und wenn man einen gefunden hat, sind die Betreuungszeiten nicht immer so, wie man sie gerne hätte. Ein Vollzeitplatz reicht eben nicht immer aus, um auch Vollzeit zu arbeiten. Dann ist da zwar der Anspruch auf Teilzeit – aber wie er erfüllt wird, ist eine andere Sache. Nicht selten können Mütter nicht auf ihren alten Arbeitsplatz zurückkehren und werden »abgeschoben« auf andere Tätigkeiten, für die sie oft auch noch überqualifiziert sind. Dazu kommen die ständigen Kinderkrankheiten in den ersten Jahren – für die die zehn Tage Anspruch auf Freistellung zur Kinderbetreuung meist nicht ausreichen. Zwar hat auch der Partner diese zehn Tage Anspruch, aber in der Realität findet nicht jeder Arbeitgeber es gut, Männer für das Pflegen kranker Kinder freizustellen. Und Großeltern in der Nähe, die den Eltern Arbeit abnehmen können, sind aufgrund der im Arbeitsleben gefragten Mobilität immer seltener der Fall. Häufig arbeiten die Großeltern selbst noch – oder sind, das andere Extrem, pflegebedürftig.

Mutter-Zitat:

»Ich bin die Einzige in meiner Abteilung, die Kinder hat. Meine Kollegen verstehen meine Situation deshalb oft nicht und verdrehen genervt die Augen, wenn ich wieder mal früher in den Kindergarten muss, weil mein Sohn krank geworden ist. Ich habe meinen Sohn mittlerweile schon häufiger krank in den Kindergarten geschickt, weil ich nicht schon wieder fehlen wollte. Er hat dann ein Fieberzäpfchen bekommen und ich hoffte, dass es einfach nicht auffällt. Wie ich mich dabei fühle? Schlecht. Aber was soll ich denn machen?!«

Oft werden Arbeitsabläufe in Unternehmen nicht familienfreundlich gestaltet. Gerade wenn die Kollegen in einer Abteilung fast alle kinderlos sind, ist es keine Seltenheit, dass ein Meeting zu einer Stunde anberaumt wird, zu der man eigentlich schon längst im Kindergarten sein müsste. In vielen Branchen gelten Überstunden als »schick« und wer keine macht – weil er halt um 15 Uhr sein Kind abholen muss –, bekommt das auch zu spüren. Dazu kommt, dass die Erwerbstätigkeit in den letzten Jahren immer anstrengender und fordernder geworden ist. In vielen Branchen steigt der Wettbewerbsdruck, die heutige Elterngeneration verspürt eine stetige Angst vor dem Verlust des Arbeitsplatzes, die ihre Eltern so nicht kannten. Die Anforderungen im Berufsleben haben sich erhöht. Es muss nicht nur alles immer schneller erledigt werden, sondern in den meisten Berufen wird auch noch eine stetige Weiterbildung erwartet.

Mutter-Zitat:

»Und wenn man dann vor einem Burnout steht, heißt es, dass es die Arbeit ist, die einen krank macht und man ja selbst schuld ist, wenn man unbedingt als Mutter arbeiten will. Aber ich bin mir sicher, dass es nicht die Arbeit ist. Sondern dieses ständige schlechte Gewissen, das ständige Rechtfertigen. Denn das zermürbt einen auf Dauer.«

Wieso Arbeit auch gut für die Seele ist

Wieder in den Beruf einzusteigen ist aber nicht nur ein Stressfaktor. Es kann für Mütter auch befreiend sein, eine Abwechslung zum Mutteralltag zu haben. Berufstätige Mütter gewinnen mehr finanzielle Unabhängigkeit und sie haben im Job die Gelegenheit, auch mal mit Nichteltern zu sprechen und sich mit Themen auseinanderzusetzen, die sich nicht nur um Babys erste Schritte oder die Probleme beim Zahnen drehen. Diese Vorteile sollten Sie sich immer ins Gedächtnis rufen. Denn bei all dem Stress, den der tägliche Spagat mit sich bringt, ist es doch für viele Frauen auch eine Bereicherung des Alltags, zumindest stundenweise aus dem Haus herauszukommen und zu arbeiten. Viele Mütter berichten, dass das Arbeitsleben den Stress zuhause relativiert – und sie so auch Abstand zum Familienleben bekommen. Aber wenn Sie feststellen, dass die Arbeit sich anfühlt wie eine Flucht vor dem Familienleben mit all seinen Herausforderungen, dann ist es höchste Zeit, etwas zu ändern!

Arbeit kann also auch guttun und eine bereichernde Ergänzung zum Leben als Mutter sein – was nun nicht heißt, dass jede Mutter nach sechs Wochen Mutterschutz wieder einsteigen soll. Den Zeitpunkt muss jede nach ihrem Gefühl, ihrer Familiensituation und auch abhängig vom Kind entscheiden. Lassen Sie sich nicht unter Druck setzen!

Mutter-Zitat:

»Bei mir war es eine Befreiung, als ich nach der Elternzeit wieder arbeiten konnte. Endlich wieder Zeit für mich! Gespräche mit erwachsenen Menschen, die sich mal nicht um Kinder drehen. Es hat mir wirklich gutgetan.«

Teilzeitarbeit hat den Vorteil, dass Mütter den Nachmittag frei haben und eher Momente nur für sich unterbringen können. Wer Teilzeit arbeitet, muss auch wirklich zu einem bestimmten Zeitpunkt den Arbeitsplatz verlassen – eben weil das Kind im Kindergarten auf einen wartet. Dieses Wissen, nicht einfach mal eine Stunde länger arbeiten zu können, macht das Arbeiten ungeheuer effektiv. Aber Teilzeit kann auch eine Falle sein. Nämlich wenn stillschweigend erwartet wird, dass Sie genauso viel leisten wie früher im Vollzeitjob. Wenn Sie ständig das Gefühl haben, Sie müssten beweisen, dass die Qualität der Arbeit nicht leidet. Oder wenn Sie wegen der Teilzeit eine Tätigkeit zugewiesen bekommen, für die Sie überqualifiziert sind. Denn auch Unterforderung kann zu einem Burnout führen! Und noch gibt es keinen gesetzlichen Anspruch auf die Rückkehr in den Vollzeitjob, auch wenn die Politik seit längerem darüber diskutiert.

Mutter-Zitat:

»Theoretisch gibt es den Anspruch auf Teilzeit. In der Praxis sieht das leider anders aus. Mir hat mein Arbeitgeber zwar einen Teilzeitjob angeboten – allerdings nur in einer Filiale, die eine Stunde von unserem Wohnort entfernt ist, anstatt in derselben Stadt wie früher. Das waren dann zwar meine geforderten 30 Stunden in der Woche, aber mit der Fahrtzeit kam ich auf einen Vollzeitjob. Und ich wollte meine Tochter nicht 40 Stunden in der Woche in der Krippe lassen. Da mein Arbeitgeber nicht mit sich reden ließ, muss ich mir nun einen neuen Arbeitsplatz suchen. Und das ist leichter gesagt als getan.«

Sie geben die Richtung vor!

Entwerfen Sie Ihr eigenes Leitbild: Wie möchte ich als Mutter sein? Welches Leben wollen wir als Familie führen? Wie viel möchte ich arbeiten? Wie verbringe ich die freie Zeit mit meinen Kindern? Wie viel Zeit brauche ich für mich? Und wo kann mein Partner mich unterstützen? Finden Sie so heraus, wohin Ihr Weg Sie führt. Das macht es leichter, den eigenen Weg weiterzuverfolgen und sich den ganzen Druck von außen nicht so zu Herzen zu nehmen. Denken Sie daran: Sie können es nie allen recht machen! Deshalb müssen Sie es auch gar nicht erst versuchen. Ihr eigenes Lebensmodell zu verteidigen, ist übrigens meistens Energieverschwendung. Oft hilft es mehr, die Kritik einfach wegzulächeln und im Stillen an das eigene Leitbild zu denken. Es ist schließlich Ihr Leben und Ihr Wohlbefinden. Und Ihr Weg!

Mutter-Zitat:

> »Ich wollte eigentlich immer Karriere machen. Und als mein Sohn auf der Welt war, merkte ich, dass die Karriere auf einmal nicht mehr so wichtig ist. Was gerade zählt, ist, ihn aufwachsen zu sehen und für ihn da zu sein. Deshalb bin ich entgegen allen Vorsätzen nur halbtags wieder in meinen Beruf als Marketingmanagerin eingestiegen. Diese intensive Zeit mit meinem kleinen Sohn geht so schnell vorbei. Deshalb möchte ich sie jetzt, so gut es geht, genießen. Zeit für die Karriere habe ich immer noch, wenn er älter ist und mich nicht mehr so sehr braucht. Das Arbeitsleben ist so lang, was sind da schon diese paar Jahre?!«

Konzentrieren Sie sich auf das, was Ihnen wichtig ist. Nicht auf das, was andere sagen oder für wichtig halten. Denken Sie in Lebensphasen: Momentan sind Sie vielleicht in der Familienphase – aber bald kommt wieder die Phase, in der Sie im Beruf durchstarten können. Denn Kinder werden so schnell groß. Das ist keine leere Phrase, sondern schlicht die Realität. Ehe Sie sich versehen, sind Ihre Kinder selbständig und gehen ihren eigenen Weg. Dann kommt die Zeit, in der Sie sich beruflich wieder voll reinhängen können. Bis dahin bleiben Sie einfach auf dem Laufenden und sehen zu, dass Sie den Anschluss nicht verlieren. Jede Lebensphase hat ihre Zeit.

Feierabend heißt auch Feierabend

Wenn es Ihnen schwerfällt, nach einem Arbeitsalltag wieder zurück in die Mutterrolle zu wechseln, dann legen Sie bewusst eine Pause ein zwischen Arbeit und Kinderabholen. Sorgen Sie dafür, dass Sie auch wirklich Feierabend haben, um für Ihre Kinder da zu sein. Kollegen sollten Sie nur im Notfall erreichen. Und auch die Firmen-E-Mails sollten Sie nach Feierabend nicht mehr lesen. Hetzen Sie nicht vom Schreibtisch in den Kindergarten – sondern bringen Sie am Ende des Arbeitstages den Schreibtisch in Ordnung, löschen Sie nicht mehr benötigte E-Mails oder haken Sie genussvoll Ihre To-do-Liste ab (und loben Sie sich dabei für das Geschaffte). So können Sie mit dem Arbeitstag abschließen und bekommen einen sanften Übergang hin. Das hilft, sich nach Feierabend wieder auf das Mama-Sein einzustellen und ganz für Ihre Kinder da zu sein.

Das gilt ganz besonders auch für einen entspannten Start ins Wochenende. Um auch wirklich abzuschalten, machen Sie am Freitag ganz besonders umfassend klar Schiff am Arbeitsplatz. Das gibt ein gutes Gefühl, Ihre Arbeit für diese Woche auch wirklich abgeschlossen zu haben. Räumen Sie auf, sortieren Sie weg, haken Sie Ihre Listen ab und schreiben Sie sich die ersten Schritte auf, mit denen Sie nach dem Wochenende die neue Woche beginnen wollen. So wissen Sie am Montag, wo Sie stehengeblieben waren, und müssen sich nicht wieder neu orientieren.

Vertrag:

Eltern können ~~nicht~~ kündigen.
Elternsein ist ein 24-Stunden-Job.

⏰ Checkliste: So gelingt Vereinbarkeit einfacher

- Sprechen Sie mit Ihrem Chef vor dem Wiedereinstieg, wie Sie die Arbeit gestalten wollen!
- Seien Sie bei der Planung Ihres Wiedereinstiegs realistisch: Was können Sie wirklich schaffen?
- Klären Sie die Möglichkeiten für flexible Arbeitszeitmodelle ab!
- Liefern Sie in den Gesprächen mit dem Vorgesetzten immer einen Lösungsvorschlag!
- Besprechen Sie vorher, wie Sie Notfälle wie ein krankes Kind lösen wollen (z. B. Möglichkeiten für Home Office)!
- Stellen Sie mit Ihrem Partner Notfallpläne auf!
- Sprechen Sie mit Ihrem Partner wichtige berufliche Termine ab: Wer springt ein, wenn das Kind plötzlich krank wird? Wer holt das Kind aus dem Kindergarten ab, wenn Überstunden anstehen?
- Bilden Sie ein Netzwerk mit anderen Müttern, Babysittern oder den eigenen Eltern!
- Schließen Sie sich mit anderen Kollegen zusammen, die auch Kinder haben: Gibt es die Möglichkeit, sich in Teams zu ergänzen oder gemeinsam für ein Eltern-Kind-Zimmer im Büro einzustehen?
- Feierabend ist auch wirklich Feierabend: Stellen Sie klar, dass Sie nur im Notfall beruflich erreichbar sind, und definieren Sie diese Notfälle deutlich!
- Hetzen Sie nicht vom Schreibtisch in den Kindergarten, sondern schaffen Sie bewusst eine kleine Pause, in der Sie den Arbeitsplatz aufräumen und sich auf den Feierabend einstimmen!
- Nehmen Sie, wenn möglich, keine Arbeit mit nach Hause!
- Und wenn gar nichts mehr geht: Die Familie hat immer Vorrang!

4 Ausgebrannt? Oder einfach »nur« erschöpft?

»Ich komme mir so ausgebrannt vor« ist ein Modesatz geworden. Ausgebrannt sein, Stress haben: In unserer heutigen Zeit gilt das schon fast als schick. Aber was ist das eigentlich, dieses »Ausgebranntsein«? Ab wann wird es kritisch? Und wo ist die Grenze zum ganz normalen Erschöpftsein? Denn so viel ist klar: Jeder ist mal erschöpft, müde und mag sich nicht mehr aufraffen. Die Frage ist nur: Wo ist der Punkt, an dem wir einschreiten müssen, an dem es eben nicht mehr »normal« ist?

Was ist Stress?

Eigentlich ist Stress gar nichts Negatives, sondern eine ganz normale Reaktion des Körpers auf bestimmte Situationen. Unter anderem werden Adrenalin, Noradrenalin und Kortison ausgeschüttet, um den Blutzuckerspiegel, Herzschlag und Blutdruck schnell zu erhöhen. Die Verdauung wird hingegen zurückgefahren, um genug Energie für eine Flucht oder andere Reaktion zu haben. Diese körperliche Reaktion ist ein Überlebensmechanismus, den übrigens alle Säugetiere besitzen. In unserer Vorzeit war diese Reaktion überlebenswichtig, denn sie aktiviert den Kampf- und Fluchtreflex, leitet Blut in die Muskeln und schärft die Sinne – was für unsere Vorfahren ein überlebenswichtiger Vorteil war, wenn plötzlich ein Säbelzahntiger aus dem Gebüsch auftauchte. Blitzschnell wird in Gefahrensituationen die Lage analysiert und anhand der bisherigen Erfahrungen eingeschätzt.

Das ausgeschüttete Adrenalin wird schon nach kurzer Zeit wieder abgebaut, der Kortisonspiegel sinkt jedoch nur langsam. Es kann bis zu 24 Stunden dauern, bis das Kortison wieder abgebaut ist. Wenn immer wieder in kurzen Abständen Stresssituationen entstehen und kaum Ruhepausen zwischen ihnen liegen, dann summiert sich das Kortison im Körper. Das hat unter anderem eine geschwächte Immunabwehr zur Folge. Außerdem entstehen nicht abgebaute Fettsäuren im Blut, die Arteriosklerose beschleunigen. Liegen keine Ruhepausen zwischen den Stressphasen, spricht man von chronischem Stress. Dieser dauerhafte Stress bewirkt, dass die Gesamtzahl und Aktivität der Immunzellen im Körper sinkt. Mehrere Studien kamen zu dem Ergebnis, dass Menschen, die unter chronischem Stress stehen, schneller krank werden, da die Immunabwehr geschwächt ist. Das betrifft auch chronische Erkrankungen wie Neurodermitis. Nicht nur die Infektanfälligkeit steigt, auch Heilungsprozesse verlaufen langsamer, sogar Impfungen sind weniger effektiv bei chronischem Stress.

Stress an sich ist also eine uralte, überlebenswichtige Körperfunktion und eigentlich nicht schlimm für den Körper. Stress kann uns zu Höchstleistungen beflügeln – jedenfalls gilt das für positiven Stress. Erst wenn Stress zum Dauerzustand wird, der Körper unter ständiger Anspannung steht und es keine oder zu kurze Ruhepausen zwischen den Stressphasen gibt, wird Stress für den Körper zur Gefahr. Und zwar auf eine Weise, dass die Weltgesundheitsorganisation WHO Stress als »eine der größten Gesundheitsgefahren des 21. Jahrhunderts« betrachtet. Besonders Herz und Kreislauf werden durch den dauernden Alarmzustand des Körpers belastet, aber auch Magengeschwüre, Verdauungsprobleme, Zyklusstörungen, sexuelle Unlust, verspannte Muskeln, Kopfschmerzen, ein geschwächtes Immunsystem, Schlafstörungen und Depressionen, Panikattacken oder Burnout können die Folge von Dauerstress sein. Forscher aus Schottland belegten 2012 in einer Langzeitstudie mit mehr als 68 000 Teilnehmern, dass selbst leichte stressbedingte Symptome die Wahrscheinlichkeit erhöhen, an einer Herz-Kreislauf-Erkrankung oder an Unfällen oder Vergiftungen (Unkonzentriertheit erhöht die Gefahr, Dinge zu verwechseln) zu sterben.

Der Begriff »Stress« wurde übrigens erst in den 1930er-Jahren geprägt – unsere Vorfahren kannten die Redewendung »Stress haben« noch gar nicht.

In früheren Zeiten hatten die Menschen immer wieder gezwungenermaßen ruhigere Zeiten: Nach einer arbeitsamen Ernte im Herbst folgte der Winter, in dem man sich zurückzog, viel schlief, die Tage für Handarbeiten oder das Geschichtenerzählen nutzte, weil es draußen nicht so viel zu tun gab. Diese von den Jahreszeiten vorgegebenen »Zwangspausen« gibt es heute nicht mehr. Im Beruf dreht sich das Hamsterrad immer weiter, auch bei minus zehn Grad. Das fehlende Tageslicht wird durch künstliches Licht ersetzt. Das blaue Licht von Smartphone, Tablet und PC hält uns künstlich wach. Anstatt wie früher nach dem Sinken der Sonne ins Bett zu gehen, bleiben wir heutzutage im Winter genauso lange wach wie im Sommer. Signale des Körpers, doch mal früher ins Bett zu gehen, werden oft ignoriert, stattdessen wird der Rhythmus aus den Sommermonaten weitergelebt. Durch dieses Ignorieren der Jahreszeiten gerät unser Körper aus dem Takt – und uns fehlen wichtige Ruhezeiten, um die Energiereserven wieder aufzufüllen.

Aber wieso vertragen einige Menschen Stress besser als andere? Ein Grund dafür ist die genetische Veranlagung. Schon im Babyalter zeigt sich, dass Babys unterschiedlich auf Stress reagieren – beispielsweise auf akustische und optische Reize. Genetisch veranlagt ist zu einem Teil auch die Anfälligkeit für Überlastung und psychische Erkrankungen wie Angsterkrankungen oder Depressionen. Eine Rolle bei der Stressresistenz spielen auch Erziehung und eigene Kindheitserlebnisse. Wie hat man in der Kindheit gelernt, mit Konflikten umzugehen? Waren die eigenen Eltern zum Beispiel wenig feinfühlig, war die Beziehung zu den Eltern keine sicher gebundene, dann macht einem die Umwelt später eher Angst – und das kann stressanfällig machen. Ebenso können Traumata in der Kindheit oder Gewalterfahrungen den Umgang mit Stress im späteren Leben beeinflussen.

Nicht zuletzt wirkt sich auch die aktuelle Situation auf das Stressempfinden aus: Ist der Alltag dominiert von Krankheiten, einer Krise mit dem Partner, einem pflegebedürftigen Kind oder pflegebedürftigen Eltern, dann ist die Stresstoleranz niedriger. Nicht zu unterschätzen ist auch die Wertschätzung, die man vom Umfeld erfährt. Fehlt diese Wertschätzung oder kommt sie nur teilweise, dann fällt es ungleich schwerer, sich zu motivieren und den Stress positiv zu verarbeiten.

Mutter-Zitat:

»Was mir fehlt, ist die Anerkennung von anderen. Es ist ja immer noch so, dass der Mann viel mehr Anerkennung bekommt als die Mutter. Die arbeitet ja nur Teilzeit, heißt es dann. Als wäre das ein Hobby. Der Mann, der ist ja toll, der macht Karriere und schafft es sogar noch, abends nach dem Feierabend im Supermarkt einkaufen zu gehen.«

Jeder Mensch reagiert auf andere Situationen mit Stress – das richtet sich nach den Erfahrungen, die wir im Laufe unseres Lebens gemacht haben. Den einen stresst die Parkplatzsuche, den anderen das Halten einer Präsentation vor vielen Menschen. Aber einige Faktoren stressen fast alle Menschen gleichermaßen: ein Unfall, der Tod eines Angehörigen oder Freundes, die Angst um den eigenen Arbeitsplatz oder auch Konflikte in der Familie oder im Beruf.

Wenn der Akku leer ist: Was ist ein Burnout?

Für den Begriff »Burnout«, auf Deutsch »Ausbrennen«, gibt es verschiedene Definitionen. Die amerikanische Psychologin Kathleen A. Kendall-Tacket beschreibt das Burnout als »Leben ohne Freude«. Burnout sei ein »schleichender Verbrauch emotionaler und geistiger Kraft und Entwicklung innerer Leere mit entsprechenden sozialen und psychischen Folgen«, schrieb die Sozialpsychologin Christina Maslach im Jahr 1982. Bereits in den 1970er-Jahren untersuchte der US-Psychoanalytiker Herbert Freudenberger den Zustand chronischer Erschöpfung und prägte dabei den Burnout-Begriff, der im letzten Jahrzehnt noch einmal so richtig in Mode kam. Er stellte damals fest, dass Burnout vor allem bei Menschen auftritt, die hohe Ansprüche an sich selbst haben und hohes Engagement zeigen. Andere Psychologen heben auch hervor, dass ständig überzogene Erwartungen von außen zu einem Burnout führen können. Burnout ist den Definitionen zufolge ein Zustand chronischer Erschöpfung ohne zwischenzeitliche Entlastung. Es ist das dauerhafte Gefühl »Mir wächst alles über den Kopf«, ein ständiges Über-die-eigenen-Kräfte-Leben. Körper und Geist werden geradezu verschlissen. Zwischen den Überanstrengungsphasen fehlen dem Körper Pausen für die Regeneration. »Burnout« ist übrigens keine medizinische Diagnose, weshalb es auch keine standardisierten Behandlungen und keine genau erfassten Fallzahlen gibt. Schätzungen zufolge sind in Deutschland zwischen 300 000 und 1,5 Millionen Menschen aller Altersgruppen von einem Burnout betroffen (Schätzungen des Müttergenesungswerks von 2014, andere Erhebungen von beispielsweise Krankenkassen gehen von noch mehr Erkrankten aus). Die große Spanne zwischen den Zahlen zeigt, wie schwer es ist, eine genaue Burnout-Diagnose zu stellen.

Burnout bei Eltern

Zum Burnout im Berufsleben führen Dinge wie fehlende Unterstützung durch den Vorgesetzten, ständige organisatorische Umstellungen, neue, schnell wechselnde Herausforderungen, ständiger Zeitdruck, wachsende Verantwortung, Nacht- und Schichtarbeit, schlechte Kommunikation, überzogene Erwartungen der Außenwelt und zu erheblichem Teil auch eine Diskrepanz zwischen Erwartungen und der Realität. Besonders oft tritt Burnout in pflegenden Berufen auf – je engagierter, umso gefährdeter, haben Studien ergeben. Moment mal, denken Sie jetzt vielleicht – das trifft ja alles auch auf Eltern zu?!

Ja, wenn Sie sich diese Kriterien genauer anschauen, werden Sie feststellen, dass vieles auch für Eltern gilt, und zwar unabhängig vom Beruf. Schnell wechselnde Herausforderungen? Davon können Mütter ein Liedchen singen! Ständige organisatorische Umstellungen? Kommt doch vielen bekannt vor, die morgens ein am Vorabend noch gesundes Kind mit hohem Fieber aus dem Bett gehoben haben und das wichtige Meeting im Büro absagen mussten. Zeitdruck, wachsende Verantwortung, Nacht- und Schichtarbeit, schlechte Kommunikation, fehlende Unterstützung, hohe Erwartungen der Außenwelt: All das kennen die meisten Eltern. Und die Diskrepanz zwischen den Erwartungen und der Realität ist den meisten Eltern ebenfalls bekannt.

Mutter-Zitat:

»Ich habe gedacht, ich gehe vormittags in Ruhe arbeiten und nachmittags auf den Spielplatz, wo die Kinder dann entspannt spielen und ich ein bisschen Zeit für mich habe. Dabei habe ich nicht an nörgelnde Kinder gedacht, die Hunger auf was Süßes haben, an diese ständige Klopperei um die Schaufel und an Wutanfälle, weil die Kinder nicht wieder nach Hause wollen.«

Aber Elternsein hat einen Unterschied zum Arbeitnehmerdasein: Eltern können nicht kündigen. Beim wem auch?! Eltern können sich auch nicht krankschreiben lassen. Nun, das könnten sie schon, aber es würde nicht viel ändern. Elternsein ist ein 24-Stunden-Job. Mit großer Verantwortung. Ein Job, der rund um die Uhr emotionale Zuwendung einfordert. Für viele Jahre. Und viele Eltern gönnen sich keine Pausen. Nach der Arbeit können die meisten Mütter ihre Beine nicht einfach hochlegen, weil kaputte Knie verarztet werden wollen, Kinder zum Fußballtraining gefahren werden müssen oder die volle Waschmaschine vorwurfsvoll wartet. Mütter geben immer hundert Prozent – oder wollen es zumindest geben. Sie überschreiten täglich ihre Grenzen. Die Kunst ist es, seine eigenen Grenzen zu erkennen und sie einzuhalten. Doch das gelingt nicht, wenn man immer Vollgas gibt. Und was mit einem Motor passiert, der immer auf Vollgas läuft, immer mit der höchsten Drehzahl, das ist bekannt. Wobei sich viele ja um ihre Autos bekanntlich besser kümmern als um den eigenen Körper.

Gestresst zu sein scheint zudem heutzutage zum guten Ton dazuzugehören, als »schick« zu gelten. Der Irrglaube, man müsse »für eine Sache brennen«, um sie richtig gut zu erledigen, ist allgegenwärtig. Nur wer für eine Sache richtig brennt, sich richtig aufopfert, macht sie gut – in vielen Berufen und auch im Mutterdasein begegnet man dieser Vorstellung immer wieder. Wer sich nicht mit über hundert Prozent in das hängt, was er tut, der macht auch keinen guten Job. Ob als Mutter oder Berufstätiger. Was es ungleich schwieriger macht, zuzugeben, dass der Stress einfach zu viel wird.

Laut dem Bund deutscher Psychologen leiden Frauen stärker unter den belastenden Arbeitsbedingungen als Männer und sind doppelt so häufig von Depressionen betroffen. Ein Grund dafür, so die Psychologen: die Mehrfachbelastung von Frauen und die Rollenkonflikte. Als Konsequenz fordert der Bund deutscher Psychologen übrigens gleiche Bezahlung von Mann und Frau und Mindestlöhne, von denen es sich leben lässt.

Mutter-Zitat:

»Seit ich wieder arbeite, bin ich reizbarer geworden. Ich fange wegen Kleinigkeiten an zu meckern. Und ich kann es nicht stoppen, obwohl ich gar nicht schimpfen wollte. Ich meckere meine Kinder an, ich schreie meinen Mann an. Dabei will ich es ja gar nicht. Im Nachhinein tut es mir schrecklich leid, aber ich bin so furchtbar dünnhäutig geworden.«

Wie entsteht ein Burnout?

Ein Burnout entsteht nicht von heute auf morgen, sondern ist mit einem langen Prozess verbunden. Einem Burnout geht dauerhafter, negativer Stress ohne Erholungspausen voraus und eine Reihe von Alarmzeichen, die oft übersehen werden. Das Sieben-Phasen-Modell von Matthias Burisch (1994) teilt den Weg zum Burnout in sieben unterschiedliche Phasen ein, die Bettina Mähler und Peter Musall in ihrem Buch »Eltern-Burnout« schon 2007 auf Eltern übertrugen:

⏰ Das Sieben-Phasen-Modell

- Überengagement – der Beruf wird zum Lebensinhalt, dazu kommt ein Zwang, sich zu beweisen (oder im Falle von Müttern das Mutterdasein, das zum Lebensinhalt wird).
- Reduziertes Engagement – was bei Müttern ungleich schwerer möglich ist als im Beruf. Die Kinder müssen schließlich weiter versorgt werden.
- Emotionale Reaktionen und Schuldzuweisungen – Mütter weisen die Schuld gerne dem Vater zu, sie sind desillusioniert vom Alltag.
- Leistungsabbau – auch das ist für Mütter in ihrer Mütterrolle schwieriger als im Beruf, der berühmte »Dienst nach Vorschrift« funktioniert im Familienleben nun mal nicht.
- Verflachung – fehlendes Interesse an der Umwelt, keine Kraft für Freundschaften und soziale Kontakte. Die Folge: noch mehr Einsamkeit, noch stärkerer Rückzug, anstatt sich zu öffnen und Hilfe zu suchen.
- Psychosomatische Reaktionen – z. B. häufige Infekte, Schlafstörungen, Kreislaufbeschwerden oder Magenprobleme.
- Burnout – innere Leere, Zusammenbruch, absolute Hilflosigkeit.

Andere Psychologen teilen den Weg zum Zusammenbruch auch in zwölf Phasen ein, hierbei werden die sieben Phasen noch weiter untergliedert. Aber egal, wie viele Phasen bis zum Burnout durchlaufen werden, eines ist allen Modellen gleich: Der Weg zum Burnout gleicht einer Abwärtsspirale.

Bei Müttern ist oft zu beobachten, dass sie sich zunächst übermäßig einsetzen. Bis sie merken, dass sie nicht mehr so gut funktionieren. Dieses Alarmzeichen wird jedoch ignoriert, und anstatt sich den Problemen zu stellen, ziehen sich die Mütter immer weiter zurück – bis hin zur Frustration und Apathie oder sogar Depression. Viele Frauen berichten davon, dass sie sich geradezu unter Zwang fühlen, sich zu beweisen und alles so perfekt wie möglich zu machen. Auffallend oft verleugnen Frauen und insbesondere Mütter die Signale von Über-

Ausgebrannt? Oder einfach »nur« erschöpft? **71**

lastung und Burnout. Sie treten einfach immer noch mehr in die Pedale, anstatt sich eine Pause zu gönnen. Die eigenen Bedürfnisse werden
beiseitegeschoben und nicht beachtet, Konflikten wird aus dem Weg
gegangen, ebenso werden mahnende Stimmen ignoriert. Das Gefühl
des Ausgebranntseins schleicht sich oft unbemerkt ein, die ersten
Symptome wie Müdigkeit, Gereiztheit oder Magendrücken nimmt
man nicht weiter ernst und schiebt sie so lange zur Seite, bis es nicht
mehr weitergeht. Jeder ist doch mal müde oder genervt. Ja, natürlich
ist das jeder einmal. Die Frage ist nur, wann es alles zu viel wird.

Mutter-Zitat:

»Natürlich ist es alles zurzeit ein bisschen stressig mit dem Job und
den Kindern. Aber ganz ehrlich: Unter Druck kann ich am besten
arbeiten. Und nach dem nächsten Urlaub geht es schon wieder
besser.«

Alarmsignale, die ein Burnout ankündigen

Die Alarmsignale für den Beginn dieser Abwärtsspirale sind Psychologen zufolge tiefe Erschöpfung, Schlafstörungen, mangelndes sexuelles Interesse, zunehmende Vergesslichkeit, Konzentrationsprobleme,
gesteigerte Reizbarkeit, aber auch Rückenschmerzen, Kopfschmerzen
oder Magenprobleme. Dabei ist die Abwärtsspirale nicht unaufhalt-
sam, denn in allen Phasen kann man eingreifen und helfen. Grund-
sätzlich gilt dabei: je früher, desto besser. Denn je kaputter und er-
schöpfter Sie sind, umso schwieriger wird es, diesem Teufelskreis zu
entkommen. Je später eingegriffen wird, umso mehr Mühe ist dafür
nötig und umso länger werden dann auch – falls nötig – die Therapie-
zeiten sein. Etwas zu verändern, kostet immer auch Energie. Also
verharren wir lieber in der Situation, die uns belastet – weil uns die
Energie fehlt, etwas an ihr zu ändern. Deshalb sollten Sie so früh wie
möglich gegensteuern, sobald Sie merken, dass Sie in eine Abwärtsspirale geraten – bevor Ihnen die Kraft und Energie dafür fehlt.

Körperliche Symptome für einen Erschöpfungszustand und ein Burnout sind unter anderem Verspannungen, besonders im Schulter- und Nackenbereich, Kopfschmerzen, Verdauungsprobleme, Schlafstörungen, Müdigkeit, Herz-Kreislauf-Probleme, aber auch häufige Infekte (wobei Kleinkindeltern Letzteres zur Genüge kennen). Jede Erkältung wird mitgenommen (und oft nicht richtig auskuriert, was anfälliger für den nächsten Infekt macht), das Immunsystem ist geschwächt. Häufig fällt es schwer, sich auf Dinge zu konzentrieren, Wichtiges wird vergessen, man hat das Gefühl, nicht mehr so kreativ wie früher zu sein, und kann einfach nicht abschalten. Die Gedanken und Ängste kreisen ständig, Entspannung zu finden, fällt immer schwerer. Das Gefühl, den Aufgaben nicht gewachsen zu sein, wird zum ständigen Begleiter.

Psychische Symptome sind unter anderem Stimmungsschwankungen, Reizbarkeit, Angstgefühle bis hin zur Panik, depressive Verstimmungen oder das Gefühl, keinen Ausweg mehr zu sehen. Die körperliche und geistige Leistungsfähigkeit lassen nach, ebenso die Motivation und der Antrieb, Leistung zu bringen. Viele Menschen ziehen sich in den letzten Phasen von der Außenwelt zurück. Auf Dinge, die einem früher Freude bereiteten, hat man keine Lust mehr – es fehlt auch schlicht die Energie, sich aufzuraffen. Man will keine Sozialkontakte mehr, sondern nur noch seine Ruhe.

Die Ausprägung der verschiedenen Symptome kann ganz unterschiedlich sein, auch müssen nicht bei jedem dieselben Symptome vorliegen. Weil die Beschwerden und Symptome eines Burnouts und einer Depression sehr ähnlich sein können, sollte immer medizinische Hilfe eingeholt werden. Kommen diese Symptome gleichzeitig und häufiger vor und kommen zwischen den schlechten Tagen kaum noch gute Tage, dann haben Sie die Grenze erreicht. Spätestens jetzt müssen Sie gegensteuern und etwas ändern! Noch viel besser ist es, alles gar nicht so weit kommen zu lassen und vorzubeugen.

Checkliste: Symptome eines Burnouts

Körperliche Symptome
- Verspannungen
- Kopfschmerzen
- Verdauungsprobleme
- Schlafstörungen
- Herz-Kreislauf-Probleme
- Infektanfälligkeit
- tiefe und andauernde Erschöpfung
- Rücken- und Nackenschmerzen
- Müdigkeit
- Sodbrennen
- Herzrhythmusstörungen

Psychische Symptome
- fehlende Konzentration
- abnehmende Kreativität
- Lustlosigkeit
- Vergesslichkeit
- Stimmungsschwankungen, Reizbarkeit
- Angstgefühle
- depressive Stimmungen
- Panik, das Gefühl, keinen Ausweg mehr zu sehen
- mangelndes sexuelles Interesse
- keine Lust auf soziale Kontakte
- sich emotional ausgelaugt fühlen
- fehlende Freude an dem, was früher Spaß brachte
- das Gefühl, dass einem alles über den Kopf wächst

Die Symptome müssen nicht alle gleichzeitig auftreten, es können nur einige auftreten und andere dafür gar nicht. Ebenso sind sie bei jedem anders ausgeprägt. Das macht es so schwer, die Diagnose Burnout zu stellen. Aber sobald mehrere der Symptome über einen längeren Zeitraum auftreten, sollten Sie professionelle Hilfe suchen.

Gerade bei Frauen ist aber häufig zu beobachten, dass sie ihre Gefühle unterdrücken und Alarmzeichen ignorieren. Typisch sind dann Gedanken wie »Ich muss nur mal wieder richtig ausschlafen, dann geht es wieder« oder »Ich muss ja nur noch bis zum nächsten Urlaub durchhalten«. Aber meistens braucht es in einer Situation der Übererschöpfung mehr als nur ein Durchschlafen oder eine Woche Urlaub (mal ganz abgesehen davon, dass ein Urlaub mit Kindern häufig so viel mit Erholung gar nicht zu tun hat). Spätestens, wenn Sie merken, dass Sie nach einem Urlaub sofort wieder in den alten Trott verfallen und die Erholung, so vorhanden, sofort verpufft, ist es Zeit, sich die Erschöpfung einmal genauer anzuschauen!

Den einen Auslöser für ein Burnout gibt es meist nicht – häufig ist es einfach ein Zuviel an allem über einen längeren Zeitraum hinweg. Immer ein bisschen zu viel Stress und ein bisschen zu wenig Fürsorge für sich selbst. Für den endgültigen Zusammenbruch sorgt dann oft der berühmte Tropfen, der das Fass zum Überlaufen bringt, eine vermeintliche Nichtigkeit. Dabei war es gar nicht diese Kleinigkeit, sondern das in all den vergangenen Monaten Aufgestaute, was sich seinen Weg suchte.

Mutter-Zitat:

»Es war eigentlich nur die harmlose Bemerkung meines Mannes, dass unser Sohn mal wieder zum Friseur müsste. Überhaupt nicht böse oder vorwurfsvoll gemeint. Aber sie ließ mich explodieren, von einer Sekunde zur anderen. Ich konnte einfach nicht mehr und brach völlig zusammen, schrie Dinge, die mir hinterher leidtaten, aber ich hatte mich nicht mehr unter Kontrolle. Es war mitten in den Weihnachtsvorbereitungen, die Wochen mit Adventsfeiern in Kindergärten und bei der Arbeit, Geschenke kaufen, Weihnachtskarten schreiben, Essen für die Feiertage kaufen, die Feiern bei den Großeltern organisieren und all das, der ganze Stress war einfach zu viel gewesen. Das musste alles raus. Einen Tag vor Heiligabend.«

Natürlich ist nicht jede Gereiztheit, jede Müdigkeit nach einem langen Tag ein Anzeichen für einen anstehenden Zusammenbruch. Es ist noch kein Grund zur Sorge, wenn man seine Kinder mal ungewollt heftig anmeckert, weil der Tag einfach sehr anstrengend war. Und es ist auch normal, mal keine Lust auf die Arbeit zu haben. Genauso normal ist es, dass Ihnen nach einem langen Tag, an dem die Kinder einfach nicht ins Bett wollen, zum Heulen zumute ist. Aber wichtig ist es, zu erkennen, wann alles zu viel ist, und dann den Not-Schalter zu drücken. Werden Sie aufmerksam, wenn Sie merken, dass Ihnen nichts mehr Freude macht. Dass es Ihnen schwerfällt, herzhaft zu lachen. Wenn Sie bemerken, dass sich Ihre Gedanken ständig im Kreis drehen und Sie sich im Stich gelassen fühlen. Warnende Stimmen von anderen sollten Sie nicht einfach überhören, sondern ernsthaft darüber nachdenken, ob nicht etwas Wahres an den Worten der guten Freundin ist. Hören Sie auf andere, nehmen Sie Unterstützung an und suchen Sie sich professionelle Hilfe bei einem Arzt.

Mutter-Zitat:

»Eigentlich hätte ich schon früher wissen sollen, dass es so nicht mehr ging. Ich war ständig müde, mir tat abends alles weh und dann noch diese Kopfschmerzen. Beim Einschlafen graute mit davor, am nächsten Morgen aufzustehen und alles wieder durchzumachen, den ganzen Stress. Aber ich funktionierte. Ich musste ja. Ich wollte alles so gut wie möglich machen. Dabei war ich eigentlich schon längst fertig. Irgendwann merkte ich, dass ich an nichts mehr richtig Freude hatte – selbst das Lachen meines Sohnes konnte mich nicht mehr anstecken. Aber da dachte ich, das sei nur eine Phase. Zum Arzt ging ich erst, als eine gute Freundin zu mir sagte, dass es so nicht weitergehe und sie mich nicht mehr wiedererkenne. Sie sagte, sie habe mich seit drei Monaten nicht mehr lächeln sehen. Das hat mich nachdenklich gemacht.«

Ausgebrannt? Oder einfach »nur« erschöpft?

Bei einem Arztbesuch schließt der Arzt zunächst körperliche Erkrankungen aus und betrachtet anschließend mit der Patientin zusammen die gesamte berufliche und familiäre Situation: Was belastet Sie besonders? Wo sind die Ursachen für die Überforderung und die vorliegenden körperlichen Symptome? Wo kann bei der Behandlung angesetzt werden: Ist eine Psychotherapie hilfreich? Oder das Erlernen von Entspannungstechniken? Hilft eine Kur? Muss etwas Grundlegendes geändert werden? Und wie können die körperlichen Symptome gelindert werden?

Mutter-Zitat:

»Ich kann einfach nicht mehr. Ständig das Geschrei, die Streiterei mit meinem Sohn. Er ist in der Trotzphase und seine Schreianfälle machen mich verrückt. Ich würde morgens am liebsten gar nicht aufstehen und habe das Gefühl, den ganzen Tag nur herumzumeckern. Abends, wenn er dann so süß im Bett liegt und seine Ärmchen um mich herumschlingt, tut es mir so doll leid. Am besten ist es noch bei der Arbeit, da kann ich wenigstens alleine aufs Klo gehen. Am meisten graut es mir vor den Wochenenden, an denen mein Mann Dienst hat und ich mit meinem Sohn alleine bin. Die Zeit will einfach nicht vergehen und eigentlich will ich den ganzen Tag nur ins Bett.«

Wer ist besonders burnoutgefährdet?

Wieso sich manche Mütter stärker überfordert fühlen als andere, hat nicht nur mit der Unterstützung durch Partner oder Großeltern zu tun, sondern auch mit den Erwartungen, die sie an sich und ihre Mutterschaft stellen. Wie Freudenberger schon in den 70er-Jahren feststellte: Ein Burnout entsteht oft, wenn der Unterschied zwischen Erwartungen und Realität besonders groß ist. Plakativ gefragt: Wieso hatten die hart arbeitenden Bauern im Mittelalter wohl in der Regel kein Burnout? Weil sie wussten, was in ihrem Leben auf sie zukommt.

Weil sie wussten, dass es ein hartes Leben wird. Sie starteten nicht mit falschen Erwartungen ins Leben. Das schützte sie. Auf Eltern übertragen heißt das: Falsche Erwartungen an das Leben mit Kindern können zu einer Überlastung führen. Heile-Welt-Bilder sind kontraproduktiv. Die Erfahrungen von Psychotherapeuten haben gezeigt: Mütter mit besonders hohen Idealen sind besonders burnoutgefährdet. Die oft romantisch verklärte Vorstellung vom idealen Familienleben sorgt für das Gefühl, den Anforderungen nicht gerecht zu werden. Das Familienleben ist kein ewiges Bullerbü!

Eltern sollten vorher wissen, was auf sie zukommt und dass nicht sie alleine für die Entwicklung ihres Kindes verantwortlich sind – dazu gehören ehrliche Informationen zum Beispiel in Geburtsvorbereitungskursen. Ich werde nie vergessen, wie die Hebamme uns werdenden Eltern in dramatischen Worten prophezeite: »Es wird der Tag kommen, an dem Sie sagen, ich kann nicht mehr – und das wird mehr als einmal der Fall sein.« Die Dame übertreibt, dachte ich in meiner Naivität, und an den Gesichtern der anderen Kursteilnehmer konnte ich sehen, dass sie dieselben Gedanken hatten. Drei Monate nach der Geburt unseres ersten Sohnes wusste ich, wovon sie sprach. Ich weiß aber auch von anderen Eltern, dass nicht alle Hebammen im Geburtsvorbereitungskurs solch drastische Prophezeiungen von sich geben – und das ist falsch. Natürlich sollen Hebammen nicht Angst machen vor der Zeit mit Baby, aber realistische Aufklärung kann Eltern helfen, keine bösen Überraschungen zu erleben und mit mehr Realismus an den »Elternjob« heranzugehen.

Mutter-Zitat:

»Ich habe so viele Ratgeberbücher gelesen. Die ganzen Elternzeit-schriften. Ich dachte, ich bin wirklich gut vorbereitet gewesen. Und dann kam unser Baby und schrie den ganzen Abend. Wochenlang. Es ließ sich einfach nicht beruhigen. Darauf hatte uns keiner vor-bereitet. Ich hatte schon morgens Angst vor dem Abend, wenn das Geschrei wieder losging. Ich dachte, das liegt an uns. Dass wir etwas falsch machen. Und das war mir so peinlich, dass ich es niemanden erzählte. Hätte ich das bloß gemacht – dann hätte ich erfahren, dass es bei vielen Babys so ist und viele Eltern dasselbe durchmachen. Im Nachhinein bin ich schlauer. Stattdessen wollte ich allen zeigen, wie glücklich das Leben mit Baby ist, und tat nach außen so, als sei alles bestens. Ich wollte ja nicht als Loser dastehen.«

Überzogenen Erwartungen vorzubeugen bedeutet auch, dass Mütter untereinander ehrlicher sind. Wieso geben sich so viele Mütter nach außen hin so perfekt? Wieso fällt es vielen so schwer, zuzugeben, dass sie manchmal auch nicht mehr weiterwissen und kurz davor sind, die Nerven zu verlieren? Wieso geben so wenige zu, dass ihre Kinder auch mit einem halben Jahr noch regelmäßig alle drei Stunden aufwachen? Geteiltes Leid ist halbes Leid.

Wenn Sie wissen, dass es anderen auch so geht, dass andere auch manchmal abends dasitzen und der Haushalt im Chaos versinkt, dann fällt es gleich viel leichter, das Chaos zuhause zu akzeptieren. Machen Sie doch einfach den Anfang und sagen Sie ganz offen in der PEKiP-Gruppe, dass Sie am Ende Ihrer Kräfte sind, weil das Baby alle zwei Stunden gestillt werden will. Sie werden überrascht sein, wie vielen anderen es auch so geht! Und wenn Ihre Freundin Sie das nächste Mal besucht, verfallen Sie nicht in das alte Gewohnheitsmuster und put-zen Sie nicht das Haus. Lassen Sie es einfach so, wie es ist. Denn auch die Krümel unterm Essenstisch oder das noch nicht in die Spülmaschi-ne eingeräumte Frühstücksgeschirr gehören zu Ihnen. Wenn Ihre Freundin selbst Kinder hat, wird sie mit großer Wahrscheinlichkeit erleichtert über so viel Ehrlichkeit sein. Und auch eine kinderlose Freundin wird Verständnis haben, dass Sie nicht die perfekte Gastgeberin mit makelloser Wohnung sind – unter echten Freundinnen spielt so etwas keine Rolle.

Schluss mit dem So-tun-als-ob!

Mutter-Zitat:

»Ich hätte nie gedacht, dass man sich mit Kind so fremdbestimmt fühlt. Dass man seine ganzen eigenen Ansprüche auf einmal hintanstellt und sein ganzes Leben nach dem Kind ausrichtet. Ich gehe ja noch nicht mal aufs Klo, wenn ich muss, weil ich zuerst das Baby stille!«

Viele Mütter neigen dazu, ihre eigenen Bedürfnisse ständig zu vernachlässigen und ihr ganzes Leben nach den Kindern auszurichten. Es wird nicht gegessen, obwohl man hungrig ist, weil zuerst das Baby an der Reihe ist. Geduscht wird auch nicht, weil das Baby im Laufstall immer so unruhig ist. Und viele Männer tragen dies mit – aus Bequemlichkeit oder weil ihre Frauen sie nicht helfen lassen (auch das ist ein typisches Mutter-Problem: Hilfe nicht annehmen wollen). Aber wer ständig seine eigenen Bedürfnisse und Gefühle hintanstellt, verliert auf Dauer sein eigenes Ich aus den Augen.

Es ist ungesund, sich immer hinter einer Maske zu verstecken und so zu tun, als wäre man glücklich. Denn die ständige Verdrängung der negativen Gefühle führt nur dazu, dass sich das eigene Unglücklichsein weiter verstärkt. Nehmen Sie Ihre Erschöpfung an und geben Sie diesen Zustand auch vor anderen zu. Gestatten Sie keine Ausreden vor sich selbst mehr. Sprechen Sie es einfach mal aus: »Ich kann nicht mehr.« Oder: »So geht es nicht weiter.« Erst vor sich selbst und dann vor Ihrem Partner, Ihrer Freundin oder Ihrer Mutter. Wir Mütter müssen uns nicht ständig zusammenreißen – weder vor anderen noch vor den eigenen Kindern. Es ist in Ordnung, wenn Sie auch mal vor der

MULTITASKING
IST EIN IRRTUM.

Familie die Beherrschung verlieren. Sie müssen nicht immer pädagogisch korrekt reagieren. Kinder verzeihen das. Und sie brauchen, dafür plädiert auch immer wieder der renommierte dänische Erziehungsexperte Jesper Juul, keine perfekten Eltern, sondern vor allem authentische Eltern. Mit Ecken und Kanten. Eltern, die eben einfach Menschen sind.

Und das sollten Sie sich immer wieder in Erinnerung rufen, wenn Sie mal wieder 101 Prozent zu geben versuchen: Eltern können nicht perfekt sein. Das Elterndasein ist nun mal gekennzeichnet von Unsicherheiten, Kompromissen, Zwischenlösungen und immer wieder neuen Herausforderungen, die kurzfristige Notlösungen erfordern. Und Sie müssen nicht immer 100 Prozent bringen. Eltern brauchen Pausen. Und vor allem: Sie müssen sich nicht schuldig fühlen, wenn Sie eine Pause machen.

Vergessen Sie nicht: Ein unbehandeltes Burnout kann zu einer schweren Depression führen. Und in jeder Burnoutphase lässt sich eingreifen, bevor es zum totalen Zusammenbruch kommt.

»Viele Frauen trauen sich nicht, einzugestehen, dass sie es so nicht mehr schaffen«

Ein Experteninterview über Mütterburnout, Vorbeugung und Rückfallgefahr

Elisabeth Jütten ist Beraterin und Psychotherapeutin im »Haus Wald-Quelle« in Wegberg-Dalheim, einer evangelischen Mutter-und-Kind-Klinik für Vorsorge und Rehabilitation. Sie berät dort seit vielen Jahren Mütter, die zu einer Mutter-Kind-Kur kommen.

Mit welcher Diagnose kommen die Frauen zu Ihnen in die Klinik?

In vielen Fällen kommen die Frauen mit einem Erschöpfungssyndrom zu uns. Man kann aber auch von einem Burnout sprechen, denn bei vielen ist das die typische Vorgeschichte: Sie haben zu viel Energie und Engagement nach außen gegeben und zu wenig seelische und körperliche Nahrung (zum Beispiel Bewegung) dafür erhalten. Diese ständige Überlastung führt schließlich zu dem Punkt, an dem diese Frauen sagen: »Ich kann nicht mehr.«

Wo ist die Abgrenzung zu einer Depression?

Die Abgrenzung ist vor allem in der Schwere der Symptome zu ziehen. Bei einer Depression liegt eine sehr hohe Antriebslosigkeit vor, starke psychosomatische Beschwerden. Die Frauen fühlen sich leer, das geht bis hin zum Selbsthass. Sie haben oft Schuldgefühle, bei einer sehr schweren Depression auch Suizidgedanken: »Meinen Kindern geht es ohne mich besser.« Eine Mutter mit Burnout hingegen denkt eher: »Ich muss für meine Kinder da sein und alles bringen« und verausgabt sich dann noch mehr – wenn sie nicht vorher auf die Signale ihres Körpers hört – bis zum Zusammenbruch. Ein unbehandelter Burnout kann schließlich zu einer Depression führen.

Wann wird Stress zum Problem?

Solange der Stress als positiv empfunden wird, ist es kein Problem. Wenn die Mutter also nach den stressigen Kindergeburtstagsvorbereitungen Freude am Fest hat und stolz auf sich selbst ist. Wenn sie aber keine Freude mehr verspüren kann und das Gefühl hat, die Herausforderungen nicht zu meistern, dann ist dieser Stress negativ. Es hängt immer davon ab, wie die Frauen Stress subjektiv bewerten. Eine wichtige Rolle spielen auch die inneren Vorsätze der Frau. Wenn sie ständig denkt: »Ich muss das alleine schaffen« oder: »Ich muss meinem Mann den Rücken frei halten«, dann können diese überhöhten Anforderungen an die eigene Leistungsfähigkeit zu Überlastung führen und der Stress als negativ empfunden werden.

Sind Frauen gefährdeter durch Überlastung und Erschöpfung als Männer?

Es scheint so zu sein. Zum einen wegen des hohen Anspruchs an die Mutterrolle und auch an sich selbst. Das ständige »Ich muss das alles regeln, ich muss die Dinge im Griff haben« führt zu einer Überlastung. Auch das fehlende Vertrauen zum Partner, dass er sich um das Kind richtig kümmern könnte, führt beispielsweise dazu, dass Frauen sich keine Auszeit für sich selbst nehmen. Aus Furcht, der Mann könne das Kind die ganze Zeit nur vorm Fernseher sitzen lassen, wird dann auf den Sportkurs verzichtet.

Außerdem ist für Frauen die Veränderung, die das Elternsein mit sich bringt, gravierender als für den Mann. Bei Frauen verändern sich die Berufstätigkeit und das soziale Umfeld viel stärker, sobald ein Kind auf die Welt kommt. Auch der Bezug zur Herkunftsfamilie ändert sich viel stärker. Die Beziehung zur eigenen Mutter, die Erziehung, die man selbst erlebt hat, all das wird neu erlebt und reflektiert. Dabei brechen manchmal alte Konflikte auf.
Viele Frauen denken auch, sie müssten dem Mutterbild der Werbung entsprechen und Haushalt, Kind und Beruf ganz locker unter

einen Hut bringen – und dabei auch noch gut aussehen. Sie trauen sich nicht, einzugestehen, dass sie es nicht so schaffen. Dadurch, dass sie nicht darüber reden und der Austausch mit anderen fehlt, haben sie dann das Gefühl, dass es nur ihnen so geht. Viele Frauen haben Angst, um Hilfe zu bitten, weil sie befürchten, das Gesicht zu verlieren – oder nicht wissen, wie sie mit einem Nein umgehen sollen. Deshalb üben wir bei den Kuren auch den Umgang mit einem Nein, beispielsweise durch Stuhldialoge oder Rollenspiele. Genauso wie wir den Frauen mit vorformulierten Sätzen Anregungen geben, wie man selbst leichter Nein sagen kann. Denn Nein zu sagen, fällt sehr vielen Müttern schwer.

Welche Notsignale des Körpers gibt es?

Die ersten Symptome sind Müdigkeit, Lustlosigkeit, ständige Gereiztheit, vermehrte Infekte. Typisch ist es auch, dass sich die Frauen selbst vernachlässigen, keine Zeit finden, zum Friseur zu gehen zum Beispiel. Dass sich jeder mal gereizt oder lustlos fühlt, ist normal. Zum Problem wird es, wenn der Zustand andauert und selbst ein entspanntes Wochenende oder ein Urlaub nicht mehr hilft. Wenn keine Energie mehr da ist, schöne Momente zu genießen, man sich nicht mehr um sich selbst kümmert. Dann sollte man gegensteuern, eine Beratungsstelle aufsuchen, was ein ganz niedrigschwelliges Angebot ist, mit einem Therapeuten oder mit dem Hausarzt darüber sprechen. Viele Frauen tun dies aber nicht, ignorieren die Signale und steuern nicht gegen, sondern machen einfach immer weiter – bis es nicht mehr geht.

Was raten Sie Müttern zur Vorbeugung?

Auf die Signale des Körpers achten und sofort gegensteuern, wenn die ersten Symptome auftreten. Sport ist hilfreich zum Stressabbau, genau wie Entspannungstechniken. Aber auch kreativ tätig sein hilft, das Gedankenkarussell anzuhalten. Auch Selbsthilfebücher können eine gute Stütze sein – die Tipps sollte man sich dann auch zu Herzen nehmen und sich wirklich vornehmen, etwas zu ändern.

Was kann das Umfeld, also Eltern, Partner, Freunde, tun?

Tatkräftige Hilfe anbieten, also wirkliche, sinnvolle Unterstützung. Verständnis zeigen statt nur ein »Reiß dich zusammen« zu formulieren. Anerkennung für das, was die Frau leistet, hilft, ebenso wenn man darüber spricht, wie man Aufgaben aufteilen kann oder wie man externe Hilfe wie eine Putzhilfe oder einen Reinigungsservice für die Hemden in Anspruch nehmen kann. Wichtig ist die Gesprächskultur: dass man nicht nur klagt, sondern auch über positive Dinge redet. Die Betroffene an schöne Dinge wie den letzten Urlaub erinnert und zu Aktivitäten ermuntert. In der Partnerschaft ist es auch wichtig, sich gegenseitig Freiräume zu geben.

Wie bleiben gute Vorsätze nicht nur gute Vorsätze?
Was kann man tun, um einen Rückfall zu verhindern?

Man sollte sich seine Ziele klar formulieren und am besten aufschreiben. Zum Beispiel: Ich möchte einmal die Woche abends Yoga machen. Dann hilft es zu überlegen: Wie lässt sich dieses Ziel erreichen? Und diese Dinge, die man für sich macht, sollte man auch in den Terminkalender eintragen und nicht vergessen. Wenn man dann mal eine Woche seinen guten Vorsatz nicht einhält, ist es aber auch wichtig, dass man sich nicht dafür runterputzt und sich selbst Vorwürfe macht, sondern einfach sagt: Ich mache es nächste Woche besser.

Man braucht Erinnerungsmarker und Zeiten zur Besinnung, um nicht wieder in den Alltagstrott zu geraten. Das können Fotos an der Wand sein, lustige Sprüche über den inneren Schweinehund oder aber ein Kurtagebuch, das man regelmäßig wieder hervorholt. War man auf einer Kur, sollte man zum Abschluss auch sondieren, ob man noch weitergehende Beratung oder Therapie braucht. Viele Kuranbieter bieten auch Nachsorgeprogramme an, die sehr hilfreich sind.

5 Mehr Zeit für mich – ohne schlechtes Gewissen!

Mutter-Zitat:

»Rund um die Uhr bin ich Mama. Ich komme nicht raus aus der Rolle. Und während der Arbeitszeit bin ich auch noch Mama und Buchhalterin. Aber nie bin ich einfach nur ich selbst. Es macht mich krank, dass ich nicht wenigstens ab und zu einen Moment nur für mich habe. Wo ich einfach mal nur ich selbst bin und nicht 1000 Dinge gleichzeitig im Kopf habe.«

Wer sich immer nur um andere kümmert, vergisst irgendwann, sich um sich selbst zu kümmern. Und wer sich nie um sich selbst kümmert, hat schnell keine Kraft mehr für andere. Wir Mütter neigen dazu, uns aufzureiben. Ständig in Gedanken den Familienalltag zu planen. Es ist eine allgemeine Schwäche von Frauen, es allen recht machen zu wollen. Dazu gehört, dass es Frauen anscheinend schwerer fällt, auch mal Nein zu sagen, aus Angst, andere zu enttäuschen. Dazu kommt die Sehnsucht nach Harmonie: Wir Mütter wollen ja keinen Streit. An sich positive Eigenschaften, die für unsere weibliche Empathie sprechen. Aber trotzdem dürfen wir unsere innere Stimme nicht überhören und müssen die eigenen Grenzen wahrnehmen. Viele Mütter machen zudem den Fehler, sich Entspannung nur als Belohnung zu gönnen. Nach dem Motto: »Wenn ich das und das geschafft habe, dann darf ich mich entspannen.«

Was natürlich völliger Quatsch ist. Das ist ein falscher Ansatz! Entspannung muss sein! Pausen müssen sein! Und Sie als Mutter haben ein Anrecht darauf – und zwar regelmäßig, nicht erst, wenn die Arbeit erledigt ist. Denn ganz ehrlich: Wann ist die Arbeit schon erledigt? Wann hat man alles geschafft? Eigentlich ist man ja nie fertig, oder? Verschieben Sie Ihre Pausen nicht, sondern machen Sie sie, wenn Ihr Körper es einfordert. Wer regelmäßig zur Ruhe kommt und eine Pause einlegt, der lernt auch, wieder besser auf seinen Körper und dessen Signale zu hören. Denn wenn es ruhiger um einen wird, dann nimmt man seine eigenen Bedürfnisse besser wahr. Wir Mütter neigen ja leider dazu, unsere eigenen Bedürfnisse hintanzustellen.

Sie haben das Gefühl, manchmal einfach nicht mehr zu können? Dann verleugnen Sie das Gefühl nicht. Hören Sie auf Ihren Körper und nehmen Sie die Signale ernst. Der Körper verlangt nach einer Pause? Dann geben Sie ihm diese Pause. Sich dieser Signale bewusst zu werden, ist der erste Schritt. Der zweite Schritt: wieder mehr auf den Körper, die innere Stimme hören und sich die eigenen Grenzen eingestehen. Und zwar ohne schlechtes Gewissen!

Um sich darüber klar zu werden, was einem guttut und was nicht, hilft es, sich eine Liste anzulegen. Die kann man im Kopf haben, aber noch effektiver ist es, sie aufzuschreiben. Identifizieren Sie, wer oder was Ihnen guttut und wer oder was Ihnen schadet. Muss das, was Ihnen nicht guttut, wirklich sein? Können Sie auf diese Dinge verzichten, Ihnen aus dem Weg gehen? Wenn nicht – wie lässt sich der Kontakt mit den Dingen oder Menschen, die Ihnen nicht guttun, minimieren? Was können Sie anders machen, um diesen Umgang zu erleichtern? Und dann betrachten Sie, was Ihnen guttut: Wieso tun Ihnen diese Dinge gut? Kann man einige von Ihnen als wohltuendes Ritual im Alltag verankern? Was hält Sie davon ab, sich häufiger um eben diese Dinge und Menschen zu kümmern? Planen Sie ganz genau die ersten Schritte, wie sie die unangenehmen Dinge aus ihrem Alltag fernhalten können und den schönen Dingen mehr Raum geben können. Damit Sie diese ersten Schritte nicht vor sich herschieben, sollten Sie gleich einen konkreten Anfangspunkt dafür setzen. Sobald wie möglich.

Wie wäre es mit jetzt?

Sie werden merken: Ist der erste Schritt getan, fallen die weiteren Schritte gleich viel leichter.

NEIN IST DAS ZAUBERWORT, UM MEHR ZEIT FÜR SICH ZU HABEN.

Mutter-Zitat:

»Mich motiviert es, bei der Arbeit immer mal wieder auf ein Urlaubsfoto von mir zu schauen. Auf diesem Foto sitze ich ganz entspannt am Meer und schaue in die Weite. Jedes Mal, wenn ich mich gestresst fühle, schaue ich auf das Bild und versuche mich zu erinnern, wie es sich anfühlte, so entspannt am Meer zu sitzen. Meistens hilft es tatsächlich.«

Lernen Sie, Nein zu sagen!

Was wir Frauen alle lernen sollten: Nein zu sagen. Im Beruf und im Privatleben. »Nein« ist das Zauberwort, um mehr Zeit für sich zu haben und der erste Schritt aus der Abwärtsspirale in den Burnout. Vielen Frauen fällt es schwerer, Nein zu sagen, als Männern. Das liegt aller Emanzipation zum Trotze sowohl in der Erziehung als auch in unserer Natur. Forschungen über geschlechtstypische Verhaltensweisen haben ergeben, dass es Frauen meistens darum geht, eine positive zwischenmenschliche Atmosphäre herzustellen, während sich Männer eher der Sache widmen und nicht so sehr dem Menschen. Das bedeutet: Frauen streben eher Harmonie an und versuchen zuerst die Bedürfnisse der anderen zu befriedigen. Da ein Nein auch Konflikte heraufbeschwören kann und eben diese angestrebte Harmonie zerstören kann, fällt es Frauen oft schwerer, eine Aufgabe abzulehnen. Und deshalb müssen wir es umso mehr üben!

»Nein, ich kann diese Präsentation nicht übernehmen, weil ich diese Woche zu viel auf dem Zettel habe.«

»Nein, ich kann keinen Kuchen für die Kita-Adventsfeier backen, weil wir am Sonntag den ganzen Tag unterwegs sind.«

*»Nein, die Schwiegermutter kann am Sonntag
nicht vorbeikommen, weil ich den freien Tag
alleine mit der Familie genießen möchte.«*

*»Nein, ich kann das nicht machen,
weil ich keine Zeit habe.«*

Wenn Sie eine Begründung für das Nein liefern, kann es das Gegenüber leichter akzeptieren. Die Begründung muss dabei nicht sonder-
lich kreativ sein. Sie muss noch nicht mal stimmen. Stressen Sie sich
nicht damit, eine plausible Begründung zu finden, auch ein »Nein, ich
kann das nicht machen, weil ich keine Zeit habe« reicht als Begründung. Auch wenn Sie klarmachen, dass das Nein eine Grundsatzent-
scheidung ist und nichts mit dem Bittsteller persönlich zu tun hat,
machen Sie es dem Gegenüber leichter, die Absage zu akzeptieren
und sich nicht verletzt zu fühlen. Hilfreich ist es auch, gleich mit dem
Nein eine Alternative anzubieten: Bis morgen schaffe ich die Präsentation nicht, aber in drei Tagen. Ich kann nicht drei Zeitungsartikel
schreiben, aber einen schaffe ich. Am Wochenende passt es nicht,
liebe Schwiegermutter, aber wie wäre es denn mit Mittwochnach-
mittag? Sagen Sie nicht wie aus der Pistole geschossen Nein, sondern
machen Sie eine kleine Pause. So als wollten Sie abwägen und nachdenken.

Wenn Ihnen ein Nein besonders schwer über die Lippen kommt, dann
schreiben Sie sich Standardformulierungen auf einen Zettel und üben
Sie, diese Sätze mit Nachdruck zu sprechen. Bis sie automatisch kommen. Dann stottern Sie in einer entsprechenden Situation nicht hilflos
herum. Besser ein auswendig gelernter Satz als dann doch wieder ein
Ja, weil das Nein einfach nicht über die Lippen kommen will.

Bleiben Sie bei Ihrem Nein. Auch wenn Ihr Chef es mit Schmeicheleien versucht: »Niemand macht so gute Präsentationen wie Sie.« Bedanken Sie sich einfach nett, aber bleiben Sie hart: »Das freut mich, dass Sie das so sehen. Aber diese Woche geht es wirklich nicht.« Auch auf die Mitleidsmasche sollten Sie nicht eingehen: »Aber ich finde einfach niemanden, der bis nächste Woche drei Artikel schreiben kann – Sie sind meine letzte Hoffnung!« Zeigen Sie Verständnis, aber bleiben Sie hart: »Das ist ja wirklich blöd, Ihr Dilemma kann ich gut verstehen. Aber mehr als einen Text schaffe ich wirklich nicht.«

Um konsequent beim Nein zu bleiben, hilft es, sich auch schriftlich festzuhalten, was man in Zukunft nicht mehr machen möchte. Setzen Sie sich Ihre eigenen Grenzen: Was wollen Sie in Zukunft nicht mehr übernehmen? Wie werden Sie in Zukunft auf Fragen reagieren? Was erledigen Sie nur um des lieben Friedens willen? Muss das wirklich sein? »Ich werde keine Aufträge mehr annehmen, für die ich nur zwei Tage Zeit habe« oder »Eine halbe Stunde vor Feierabend übernehme ich keine Aufgaben mehr, die länger als 15 Minuten in Anspruch nehmen« – solche Vorsätze helfen, sich immer wieder konkret in Erinnerung zu rufen, wo die eigenen Grenzen liegen.

Übrigens sollten Sie nicht nur trainieren, Ihrem Chef oder nervigen Kollegen gegenüber Nein zu sagen: Sagen Sie auch Ihren Kindern gegenüber einmal Nein. Sie müssen nämlich nicht immer alles machen, was Ihre Kinder wollen. Und fragen Sie sich selbst: Wie oft sagen Sie Ihren Kindern gegenüber Ja, weil es einfach der bequemere Weg ist? Probieren Sie doch einfach mal ein klares Nein aus. Es wird vielleicht anfänglich Gequengel geben. Aber dann werden Sie sehen, dass sich ein Fünfjähriger sehr wohl alleine ein wenig Saft einschenken oder selbst das Lieblingsbuch aus dem Regal holen kann. Kinder sind selbständiger als wir denken – nur manchmal ziemlich faul!

Mehr Zeit für mich – ohne schlechtes Gewissen! **93**

Stressfaktoren und Zeitfresser identifizieren

Es sind oft immer wieder dieselben Dinge, die einen an den Rand des Wahnsinns bringen und den ganzen Tagesablauf durcheinanderbringen können. Nicht alle Stressoren und Zeitfresser lassen sich umgehen, aber es lohnt sich, im Alltag nach Zeitfressern zu suchen und sie genau unter die Lupe zu nehmen. Was macht besonders viel Aufwand? Ist dieser Aufwand eigentlich gerechtfertigt? Manchmal muss man nur ein klein bisschen seine Gewohnheiten ändern und erreicht mit einer kleinen Änderung überraschend viel. Ich bin zum Beispiel ein echter Bügelmuffel. Und so habe ich recht bald auf eine Tischdecke auf dem Esstisch verzichtet, als mein erstes Kind auf die Welt kam. Das spart nicht nur Zeit und Nerven, sondern ist auch noch viel sicherer, da kein Kind an der Tischdecke ziehen und so den Esstisch abräumen kann.

Was stresst Sie eigentlich so? Was bringt regelmäßig das Fass zum Überlaufen? Wie kündigt sich dieses Überlaufen an – welche Warnzeichen gibt es? Kinder können unsere innere Unruhe übrigens sehr genau wahrnehmen. Sie sind verwirrt, wenn unsere Außendarstellung so gar nicht zu dem passt, was sie eigentlich wahrnehmen. Wenn Sie innerlich kochen, aber nach außen hin gelassen tun, kann das Ihr Kind verunsichern. Was in solchen Situationen hilft? Erklären Sie Ihrem Kind (und ja, es geht auch schon bei ganz kleinen Kindern!), wieso Sie so gereizt sind und was Sie unter Druck setzt – und sagen Sie, wie das Kind dazu beitragen kann, diesen Stress zu lösen. Kinder helfen gerne mit!

Typische Stressoren im Familienalltag sind beispielsweise das morgendliche Trödeln vorm Kindergarten oder vor der Schule, aber auch das abendliche Theater vorm Insbettgehen. Nehmen Sie sich diese Stressfaktoren gezielt vor und überlegen Sie: Was macht diese Stressauslöser eigentlich so anstrengend? Wie lassen sich diese Stressfallen umgehen? Wer kann mir dabei helfen? Oft gibt es ganz praktische Lösungen. Stellen Sie den Wecker morgens doch einfach eine Viertelstunde früher oder stellen Sie sich an den Frühstückstisch eine Uhr, die einige Minuten vorgeht. Bei Kindern, die Ihr »Zieht euch bitte an«

auch nach zehnmaligem Rufen ignorieren, hat sich bei uns beispielsweise ein Wecker bewährt, dessen Klingeln die Anziehzeit ansagt. Wundersamerweise hören Kinder auf ein Weckerklingeln oft besser als auf Mamas Ermahnung! Auch eine Sanduhr tut gute Dienste, gerade bei kleineren Kindern, die noch keine Uhr lesen können und so sehen, wie viel Zeit ihnen noch bleibt, um sich die Schuhe anzuziehen.

Den Morgen entzerrt es auch, wenn Sie abends schon die Kleidung für den nächsten Tag heraussuchen und den Frühstückstisch decken – es sind oft die kleinen Zeitfresser, die den Morgen stressig werden lassen. Vielleicht hilft es auch, einfach fünf Minuten früher zum Kindergarten loszugehen und so beim Spaziergang auch die Zeit zu haben, sich die Regenwürmer und andere spannende Dinge auf dem Weg zusammen mit dem Kind anzuschauen, anstatt es hinter sich herzuziehen und zur Eile zu mahnen. Beide kommen entspannter an: Mutter und Kind!

Beim Stress vorm Insbettgehen sollten Sie zuerst den Schlafzeitpunkt untersuchen: Sind die Kinder wirklich schon müde? Je älter Kinder werden, umso weniger Schlaf brauchen sie. Vielleicht hilft es, die Kinder noch eine halbe Stunde länger spielen zu lassen, bis sie wirklich müde sind. Auch beim Einschlafritual lohnt sich eine Überprüfung. Bei uns gab es zum Beispiel eine Weile das »Sandmännchen« immer erst nach dem Abendessen, bis ich merkte, dass das Fernsehgucken die Kindern vorm Insbettgehen erst wieder so richtig munter machte. Nun gibt es – Youtube sei Dank – das »Sandmännchen« vor dem Abendessen und nach dem Essen wird sich gleich fürs Bett fertiggemacht. Die Schlafenszeit ist dieselbe geblieben, das Theater hat sich verringert.

Stresst Sie das Einkaufen mit Kind, das Geschrei, weil es einen Schokoriegel nicht gibt, oder das Gezeter darum, wer im Einkaufswagen sitzen darf, dann überlegen Sie, ob Sie den Einkauf nicht auch ohne Kind machen können. Wie wäre es damit, morgens vor dem Arbeiten einzukaufen, wenn Sie Ihr Kind in den Kindergarten gebracht haben? Dann ist zudem der Supermarkt schön leer und was mit Kindern eine halbe Stunde dauert, ist in zehn Minuten erledigt.

Mutter-Zitat:

»Ich bin eigentlich recht stressresistent. Aber wenn mich eines auf die Palme bringt, ist es diese ewige Streiterei. Ständig das Gequengel, ›der hat mir das weggenommen‹ oder ›ich will aber alleine damit spielen‹. Ich kann es nicht mehr hören und ich könnte jedes Mal ausrasten. Ich kann es nicht einfach ignorieren, denn die beiden Jungs fangen an, sich dabei zu verletzen und ernsthaft weh zu tun. Da muss ich ja zwischengehen, bevor einer den anderen gegen die Tischkante schubst. An manchen Tagen habe ich schon morgens Angst, dass mein Großer ein falsches Wort sagt und den Kleinen reizt. Er macht es manchmal sogar absichtlich. Ich weiß wirklich nicht mehr weiter. Das ist doch nicht mehr normal.«

Auch Geschwisterstreit kann an den Nerven zerren. Die Streitereien können einen wahnsinnig machen und auch belasten. Egal wie gut sich Geschwister verstehen, jedes Geschwisterpaar bekommt sich in die Haare. Viele sogar mehrmals täglich, ja sogar mehrmals stündlich. Aus uns Eltern manchmal unerfindlichen Gründen mutieren zwei friedlich miteinander spielende Kinder plötzlich zu Streithähnen, die sich nicht nur böse Wörter, sondern auch Bauklötze an den Kopf werfen. Keiner will nachgeben, jeder weiß es besser und am Ende schreien alle – Mama inklusive.

Die gute Nachricht: Geschwisterstreit ist ganz normal. Auch mehrmals stündlich. Sie machen nichts falsch! Aber: Mit rationalen Gedanken kommt man gerade bei kleinen Kindern nicht immer weiter. Es ist, sagen wir mal, Energieverschwendung, Kinder in solchen Situationen mit vernünftigen Argumenten überzeugen zu wollen. Am besten spielen Kinder oft zusammen, wenn die Eltern nicht im selben Raum sind. Oft ist zu beobachten, wie die Geschwister genau dann zu streiten anfangen, wenn die Mutter den Raum betritt.

Es hilft im Alltag, typische Streitauslöser zu identifizieren und, wenn es geht, diese Situationen zu vermeiden. Bei älteren Kindern kann man den Streit auch erst einmal beobachtend abwarten, bevor man eingreift. Oft löst sich das Problem von selbst. Aber sobald es handgreiflich wird und jemand verletzt werden könnte, sind wir als Eltern gefragt, den Streit zu schlichten. Und das kostet Nerven. Mehrmals täglich. Kommt es doch zum Streit, versuchen Sie, sich so lange herauszuhalten, wie es geht. Viele Streitereien lösen Kinder ganz alleine – und mit jedem gelösten Streit lernen sie etwas über Konfliktlösung dazu. Denn Kinder müssen erst lernen, wie man Meinungsverschiedenheiten klärt – und das können sie nur, wenn wir ihnen die Gelegenheit dazu geben. 2004 ergab eine Studie von Psychologen übrigens, dass Väter sich durch Geschwisterstreit deutlich weniger belastet fühlen als Mütter. Das erklärt, warum es Vätern leichter fällt, gelassen zu bleiben. Vielleicht sollten Sie beim nächsten Streit einmal das Feld ganz räumen und Ihrem Partner das Streitschlichten überlassen.

Kinder haben noch kein Zeitgefühl

Mutter-Zitat:

»Ich verstehe es einfach nicht: Egal, wie oft ich darum bitte, dass sich mein Sohn nun endlich anzieht, er wird nicht schneller. Es gibt ständig etwas anderes zu tun und die kleinsten Kleinigkeiten lenken ihn ab. Mich macht es verrückt: Je eiliger wir es haben, umso mehr trödelt er! Am Ende schreie ich nur rum und er weint und wir kommen erst recht nicht pünktlich. Ich weiß wirklich nicht, was ich gegen dieses Herumtrödeln machen kann. Manchmal habe ich beim Frühstück schon Angst vor dem Anziehen, weil ich weiß, dass wir gleich beide wieder weinen.«

Die Trödelei von Kindern kann wahnsinnig machen. Aber rufen Sie sich immer wieder in Erinnerung: Kinder trödeln (in den meisten Fällen) nicht absichtlich. Sie können im Kindergartenalter die Zeit einfach noch nicht abschätzen. Der Appell, man müsse pünktlich sein, fruchtet also nicht. Kinder wollen uns nicht ärgern. Sie können es nur nicht besser! Der Schweizer Entwicklungspsychologe Jean Piaget stellte fest, dass Kinder bis zum Schulalter Probleme haben, Zeit zu begreifen. Sie können Dinge wie Reihenfolge, Dauer, Geschwindigkeit und Gleich-

Mehr Zeit für mich – ohne schlechtes Gewissen! **97**

zeitigkeit noch nicht in Verbindung miteinander bringen und deshalb auch nicht einschätzen, wie lange eine Tätigkeit oder ein Weg dauert.

Kinder leben im Jetzt, in genau dem einen Zeitpunkt. Was die Eltern mit »Beeil dich« meinen, wenn sie ihnen die Schuhe zum Anziehen hinstellen, verstehen sie einfach noch nicht, weil ihr Gehirn dazu noch nicht in der Lage ist. Nicht weil sie böswillig sind. Jean Piagets Studien besagen, dass Kinder bis zum Alter von sechs bis acht Jahren erst lernen müssen, wie Zeit vergeht. Ein langer Lernprozess: Erst mit zehn Jahren haben sie ein ähnliches Zeitverständnis wie Erwachsene.

Planen Sie also immer genügend Pufferzeiten ein. Aus einem Gang, der früher fünf Minuten dauerte, wird mit Kindern schnell eine Zwanzig-Minuten-Angelegenheit, je nach Jahreszeit und Menge der anzuziehenden Klamotten! Es ist ein ungeschriebenes Gesetz, dass egal, wie oft man die Kinder fragt, ob sie aufs Klo müssen, die Kinder immer dann doch noch mal auf die Toilette müssen, wenn der dicke Schneeanzug angezogen ist. Es gibt einen ganz einfachen Trick, diese Situationen zu entschärfen: Planen Sie für alles etwas mehr Zeit ein. Legen Sie Termine nicht zu dicht. Und denken Sie an alle Eventualitäten wie die Parkplatzsuche, den verpassten Bus oder die volle Windel. Und sollten Sie zu früh beim Termin sein, dann freuen Sie sich über die gewonnene Zeit. Vielleicht reicht sie für einen Kakao vorm Kinderturnen, oder beim Kinderarzt kann im Wartezimmer ganz gemütlich ein Buch gelesen werden. Sind Sie zu früh am Bahnhof, schauen Sie doch zusammen mit Ihrem Kind den einfahrenden Zügen zu – allemal besser, als hektisch nach dem richtigen Gleis zu suchen.

Denken Sie beim Planen immer daran: Termine müssen zu Ihnen passen und nicht Sie zu den Terminen. Richten Sie nicht Ihren Familienalltag nach Terminen aus, sondern umgekehrt. Natürlich klappt es nicht immer und natürlich werden Sie nicht immer die Wahl haben. Aber erstaunlich oft sind Termine dann doch nicht so in Stein gemeißelt, wie es zuerst scheint, und der Zahnarzttermin lässt sich ohne Probleme eine halbe Stunde später legen.

Stehen wichtige Termine an, dann sprechen Sie sich frühzeitig mit ihrem Partner ab, um auch einen Plan B zu haben, falls das Kind krank

Die Kunst, keine perfekte Mutter zu sein

wird. Sowieso sollten Sie frühzeitig mit Ihrem Chef überlegen, ob Sie bei Krankheit des Kindes Home-Office machen könnten – auch Ihr Partner sollte das klären. Und zwar ganz in Ruhe, bevor der erste Notfall eintritt.

Auch ein Wochenplan fürs Kochen und Einkaufen spart Zeit und Nerven – und übrigens auch noch Geld. Sie können daraus auch ein schönes Sonntagsritual machen: Die ganze Familie überlegt gemeinsam, was es in den nächsten Tagen zu essen geben soll und was man dafür einkaufen muss. Berücksichtigen Sie dabei auch die Wünsche Ihrer Kinder. Wenn Sie alle gemeinsam für die nächsten Tage geplant haben, darf auch keiner über das aufgetischte Essen meckern. Denken Sie auch daran, immer Notfallvorräte für besonders stressige Tage oder Krankheitsfälle im Haus zu haben. Zwei Dosen Tomaten und etwas Reis und schon haben Sie eine Tomatensuppe gezaubert, die auch Kindern schmeckt. Eier, Milch und Mehl sind immer für Pfannkuchen gut. Eier sind sowieso immer gut, denn Rührei geht schnell und ist gesund. Etwas Brot, Gurke und Tomate dazu: Fertig ist eine vollwertige, gesunde Mahlzeit!

Mutter-Zitat:

»Ich hätte nie gedacht, dass ein Essensplan für die Woche so viel Zeit sparen könnte! Sonntags überlegen wir gemeinsam, was es zu essen gibt. Alle dürfen ein Wunschgericht nennen und so werden dann die Tage von Montag bis Freitag durchgeplant. Am Wochenende bleibt Platz für Spontanes oder Essengehen. Meinem Mann drücke ich dann montags eine Einkaufsliste in die Hand. Früher war ich dreimal die Woche einkaufen und stand dann immer ratlos im Supermarkt: Was soll ich heute bloß kochen? Natürlich kaufte ich immer viel zu viel ein und dann auch noch das, worauf außer mir sonst keiner Appetit hatte. Die Kinder finden es übrigens richtig gut, morgens zu wissen, was es abends gibt: Das kennen sie ja vom Essensplan im Kindergarten. Seitdem akzeptieren sie komischerweise auch Dinge ohne Meckern, die sie früher nie gegessen hätten. Denn es steht ja auf dem Plan ...«

Überfrachten Sie die Tage nicht

Mutter-Zitat:

»Vor Weihnachten war alles einfach zu viel. Wir waren jeden Nachmittag unterwegs und abends alle einfach nur k.o. Die Kinder stritten sich ständig und man konnte es ihnen einfach nicht recht machen. Ich habe dann einfach radikal alle Nachmittagskurse gestrichen. Kein Turnen mehr, kein Musikunterricht, kein Schwimmen. Seitdem sind wir alle besser gelaunt und ganz ehrlich: Wir vermissen nichts. Die Kinder machen doch schon so viel in der Schule und im Kindergarten – dort gibt es auch eine Turnhalle und Musik wird auch gemacht. Da können sie doch am Nachmittag auch einfach nur mal spielen.«

Erinnern Sie sich selbst immer wieder daran: Die Kinder haben im Kindergarten und in der Schule schon genug Action, viele Menschen um sich und eine durchgetaktete Zeit. Sie brauchen nicht auch noch durchgeplante Nachmittage mit großem Programm. Das Gehetze vom Kindergarten zum Turnen sorgt nicht gerade für Familienfrieden. Überfrachten Sie die Tage deshalb nicht und fragen Sie sich kritisch: Müssen all die Nachmittagsaktivitäten wirklich sein? Kinder müssen nicht jeden Kurs mitmachen. Das viel gefürchtete Zeitfenster, das sich schließen könnte, existiert gar nicht! Mindestens ein Nachmittag, besser zwei in der Woche sollten frei sein und einfach nur zum Vertrödeln und Spielen einladen. Auch wenn Programm ansteht, sollten immer wieder Pausen zwischen den Terminen sein.

Sich auf die Kinder einlassen und einen Nachmittag in ihrem Tempo zu verbringen, kann übrigens auch uns Erwachsene herrlich entschleunigen. Es ist nicht immer ganz einfach, und der Drang, immer wieder beim Monopolyspielen aufs Handy zu starren, lässt sich nur schwer unterdrücken – aber es lohnt sich, sich auf die Zeitlosigkeit der Kinder einzulassen. Entschleunigung ist doch in aller Munde, und Manager bezahlen teures Geld dafür, um das zu finden, was unseren Kindern angeboren ist (und uns irgendwann flöten ging beim Erwachsenwerden): im Moment leben. Das Drumherum vergessen. Auf die kleinen Wunder achten.

Natürlich erlauben die äußeren Umstände es nicht immer, einen Nachmittag lang im Gras zu sitzen und eine Ameisenstraße zu bewundern. Und verständlicherweise wollen Erwachsene auch mal Erwachsenensachen machen und ihr Nachmittagsglück bei einem Kaffee mit einer Klatschzeitschrift finden. Aber ich verspreche Ihnen: Es lohnt sich, ab und zu die Zeitschrift mal Zeitschrift sein zu lassen und sich aufs Kindertempo einzulassen.

Eltern sind nicht die Alleinunterhalter ihrer Kinder

Zeit mit den Kindern zu verbringen, heißt übrigens nicht, dass wir Eltern die Alleinunterhalter unserer Kinder sind. Eine englische Studie hat ergeben, dass zu viel Behütung und Aufmerksamkeit die Kinder in ihrer Eigenaktivität und Kreativität einschränkt. Je nach Alter können Kinder schon erstaunlich lange alleine spielen. Sie müssen daher kein schlechtes Gewissen haben, wenn Sie nicht jedes Rollenspiel mit Ihrem Kind spielen wollen.

Auch wenn Kinder Langeweile haben, brauchen sie keinen Animateur, sondern oft nur einen Moment Ruhe, bis sie die nächste grandiose Spielidee haben. Wenn Eltern ihre Kinder ständig mit Angeboten und Tätigkeiten überfrachten, dann nehmen wir unseren Kindern die Gelegenheit, selbst ins Spiel zu finden und zu lernen, wie man mit Langeweile umgeht. Erinnern Sie sich doch mal an Ihre Kindheit: Entstanden die besten Ideen nicht oft an diesen langen Sonntagnachmittagen? Wer immer mit neuen Anregungen konfrontiert wird, dessen Gehirn hat gar keine Muße, sich eigene Ideen auszudenken. Sich alleine zu beschäftigen, will erlernt werden. Nicht wenige Eltern beklagen sich, dass Ihre Kinder einfach nicht alleine spielen können – und überfrachten ihre Kinder gleichzeitig mit Angeboten für das, was man alles tun könnte, anstatt sie einfach mal spielen zu lassen.

Dazu gehört auch, dass wir unsere Kinder nicht im Flow stören, wenn sie dann endlich ins Spiel versunken sind. Ziehen Sie sich einfach in den Hintergrund zurück und nutzen Sie die gewonnene Zeit, um ein bisschen zu lesen, wenn Ihr Kind in sich versunken Bauklötze stapelt. Schon ein eigentlich gut gemeintes »Oh toll, du baust einen Turm« kann den ganzen Flow wieder zunichtemachen und das Kind aus dem Spiel herausreißen. Wenn Ihr Kind Ihnen etwas zeigen oder Ihre Hilfe will, dann wird es schon auf sich aufmerksam machen. Bis dahin: Lassen Sie es in Ruhe. Kinder brauchen Rückzugsräume, ja, auch schon kleine Kinder. Sie brauchen ihre eigenen Fantasiewelten – in die sie nur versinken können, wenn wir Erwachsenen sie auch mal in Ruhe lassen.

102 Die Kunst, keine perfekte Mutter zu sein

Erinnern Sie sich immer wieder daran: Wir Eltern sind nicht die Daueranimateure unserer Kinder. Unsere Kinder brauchen keine Dauerberieselung, sie brauchen kein ständiges Einmischen von uns Erwachsenen in ihr Spiel. Und drängen Sie Ihre Kinder nicht dazu, doch endlich loszuspielen. Denn Kinder brauchen ihr eigenes Tempo, ins Spiel zu finden. Gerade in fremden Umgebungen oder auf dem Spielplatz. Viel zu oft kommt es vor, dass sie gerade dann, wenn sie endlich ins Spiel gefunden haben, wieder von uns Eltern zum Aufbruch gedrängt werden. Deshalb sollten wir unseren Kindern mehr Zeit geben – wozu auch mehr Ruhe und weniger Termindruck in unserem Alltag gehören.

Natürlich ist es schön, wenn sich Eltern um ihre Kinder kümmern und auch mit ihnen spielen! Aber es muss nicht immer und ständig sein und niemand muss ein schlechtes Gewissen haben, wenn er keine Lust auf die zehnte Runde Kaufmannsladen hat. Wir Eltern sind nun mal nicht die idealen Spielpartner unserer Kinder: Am besten spielen Kinder immer noch mit anderen Kindern. Denn von ihnen lernen sie ganz anders als von uns und bekommen einen ganz anderen Input. Häufig können sie auch ganz anders im Spiel versinken, wenn sie unter sich sind. Erwachsene neigen dazu, schon fertige Lösungen zu präsentieren bzw. ihnen zu zeigen, wie man »richtig« spielt, anstatt Kinder einfach mal ihre eigenen Erfahrungen machen zu lassen.

Wenn Sie also keine Lust haben, den ganzen Nachmittag lang Puppen anzukleiden oder Matchboxautos im Zimmer herumzuschieben, dann müssen Sie sich nicht schlecht fühlen. Es gibt keine Verpflichtung, dass Eltern ihre gesamte freie Zeit damit verbringen, mit ihren Kindern zu spielen. Überlassen Sie das stundenlange Spielen doch den Großeltern (die das meist liebend gerne übernehmen und eine Engelsgeduld dabei aufbringen!) und vor allem anderen Kindern. Sorgen Sie lieber dafür, dass Ihre Kinder viele Gelegenheiten haben, mit anderen Kindern zu spielen, anstatt sich lustlos aufzuraffen und am Ende total genervt zu sein. Kinder merken es, wenn Sie nur halb bei der Sache sind. Wir Erwachsenen sind nicht die Spielfreunde unserer Kinder. Unsere Aufgabe ist es, für den Rahmen zu sorgen, in dem die Kinder sich frei entfalten, ins freie Spiel finden und eigene Ideen entwickeln

können. Sich von dem Gedanken »Ich muss aber möglichst viel mit meinem Kind spielen« frei zu machen, wird auch Sie befreien. Von dem Druck, von der Verpflichtung, Ihr Kind möglichst gut zu unterhalten. Und Sie werden sehen: Wenn Sie sich von dieser inneren Verpflichtung frei machen, dann werden Sie wieder mehr Spaß daran haben, dann doch mal mit den Kindern zu spielen! Und suchen Sie sich dafür doch das aus, was auch Ihnen Spaß macht: Ist es das gemeinsame Basteln? Oder eher das Monopolyspielen, das Sie noch aus Ihrer Kindheit lieben? Oder das Zusammenbauen von Legos?

Mutter-Zitat:

»Wenn ich meine Kinder sieben Stunden in der Betreuung habe, dann will ich wenigstens den Rest der Zeit so viel wie möglich mit ihnen unternehmen. Wäre es nicht egoistisch, wenn ich dann eine Zeitung läse und sie einfach alleine spielen ließe?«

Zeit miteinander zu verbringen, bedeutet nicht, dass man die ganze Zeit mit den Kindern spielt oder bastelt. Es bedeutet auch nicht, dass man in der freien Zeit seine Kinder mit Aufmerksamkeiten überschüttet. Kinder brauchen kein tägliches Eis, nur weil man einen harmonischen Nachmittag möchte. In der gemeinsamen Zeit muss nicht immer eitel Sonnenschein herrschen! Gemeinsame Zeit bedeutet auch, Kinder an Alltagstätigkeiten teilhaben zu lassen, sie also mit zum Einkaufen zu nehmen, zum Arzttermin oder in die Autowerkstatt. Zeit miteinander verbringen Sie auch, wenn Ihre Kinder Ihnen beim Wäscheaufhängen oder Geschirrspülerausräumen helfen. Die Kinder lernen durch diese Alltagstätigkeiten die Welt kennen – und sind dabei mit ihren Eltern zusammen. Auch das ist gemeinsam verbrachte Zeit! Wichtig ist, dass wir dabei nicht gehetzt sind, sondern uns auch die Zeit nehmen, unseren Kindern zu erklären, was wir gerade machen und warum. Auf Augenhöhe!

An den Alltagstätigkeiten der Erwachsenen teilzunehmen ist für Kinder oft auch spannender, als wir denken – und beim Helfen fühlen sie sich oft sehr erwachsen und wichtig. Wie sollen unsere Kinder denn die Welt entdecken, wenn wir sie nicht mit hinaus nehmen in die Alltagswelt, sondern stattdessen alles alleine erledigen? Na also. Der Alltag ist aufregender, als es uns manchmal erscheint. Und ganz oft ist zu beobachten, dass Kinder das Erlebte dann im Spiel mit anderen Kindern oder Geschwistern nachspielen: Nach der gemeinsamen Busfahrt spielen sie Busfahrer oder nach dem Autowerkstattbesuch fangen sie an, alle ihre Spielzeugautos zu reparieren. Durch das Nachspielen wird das Erlebte verarbeitet und dabei mehr, als wir denken, über das Leben an sich gelernt.

Übertragen Sie Aufgaben an Ihre Kinder

Apropos in den Haushalt miteinbeziehen: Fangen Sie schon früh an, Ihren Kindern kleine Aufgaben zu übertragen. So wird es selbstverständlich, zuhause mit anzupacken und die Eltern zu unterstützen. Je nach Alter können Kinder mehr oder weniger anspruchsvolle Aufgaben übernehmen – meist mehr, als Eltern ihnen am Anfang zutrauen. Man muss nur seinen Perfektionismus etwas zurückschrauben. Dann sind die Bananenstücke im Obstsalat halt nicht alle gleich groß. Dafür hat sie der Dreijährige alleine kleingeschnitten und der Obstsalat schmeckt danach doppelt so gut. Leichter fällt es übrigens, wenn der Papa mit gutem Beispiel vorangeht …

Bei älteren Kindern sind solche gemeinsamen Haushaltstätigkeiten auch eine gute Gelegenheit, sich ein wenig zu unterhalten. Denn selbst schweigsame Kinder, denen man alles aus der Nase ziehen muss, fangen in solchen Situationen, wo man nebeneinander die Wäsche aufhängt, an zu erzählen. Oft sogar ausführlicher als am abendlichen Essenstisch.

Kleinkinder erledigen mit großem Eifer ihnen aufgetragene Aufgaben wie das Tischdecken oder das Hin-und-her-Tragen kleinerer Dinge. Mit einem stumpfen Messer können auch Drei- und Vierjährige schon Bananen oder Avocado würfeln. Schon Vierjährige verstehen es, dass sie ihre Jacke nach dem Nachhausekommen selbst an den Kindergarderobenhaken hängen sollen, statt sie auf den Boden fallen zu lassen.

Sie können auch ihre Schuhe bereits an ihren angestammten Platz zurückstellen. Sechsjährigen kann man durchaus auftragen, ihr Frühstücksbrot selbst zu schmieren, ihr Zimmer aufzuräumen, dreckiges Geschirr in die Spülmaschine einzuräumen oder auch das Haustier zu füttern. Und größere Kinder ab zehn oder zwölf Jahren sind dazu in der Lage, sich einfache Mahlzeiten selbst zuzubereiten, auch mal einkaufen zu gehen, den Rasen zu mähen oder mit dem Hund Gassi zu gehen. Probieren Sie einfach aus, was Ihre Kinder schon im Haushalt leisten können – jedes Kind ist anders, aber alle Kinder können ihre Eltern unterstützen. Und in den allermeisten Fällen können unsere lieben Kleinen mehr, als wir ihnen zutrauen!

Kindern Aufgaben anzuvertrauen hat auch den angenehmen Nebeneffekt, dass Ihre Kinder Selbstvertrauen gewinnen. Sie lernen neue Dinge hinzu, sie sind stolz auf das, was sie beitragen können – und werden schon bald mit Eifer nach neuen Aufgaben fragen. Dabei dürfen es auch mal kleine Herausforderungen sein, an denen unsere Kinder wachsen. Lassen Sie sich auch nicht entmutigen, wenn Ihre Kinder auf ihnen angetragene Aufgaben gelegentlich oder auch häufiger genervt reagieren und maulen (gerade ältere Kinder tun das gerne) – ertragen Sie es, dass Ihre Kinder in diesem Moment nicht gut auf Sie zu sprechen sind, und ziehen Sie die Sache durch. Notfalls mit konkreten Ansagen wie »Wenn der Tisch nicht gedeckt wird, dann kann es auch kein Essen geben«. Sie sind nicht die Dienstbotin Ihrer Kinder, und es ist völlig legitim, von ihnen Mithilfe einzufordern. Es ist ein Irrglaube, dass wir unseren Kindern alles Schwere abnehmen müssen, damit sie eine möglichst angenehme Kindheit erleben! Wie sollen sie denn sonst für das Leben lernen? Wir können ihnen nun mal nicht alle Hindernisse aus dem Weg räumen – unsere Elternaufgabe ist vielmehr, sie darauf vorzubereiten, diese Hindernisse selbst aus dem Weg zu räumen.

Theater, lass nach!

Aber egal, wie gut Ihre Vorsätze sind und egal, wie gut Ihre Kinder sonst erzogen sind – es gibt immer wieder Tage, an denen Ihnen die Decke auf den Kopf fällt. Tage, an denen aus sonst so lieben Kindern nervende Streithähne werden, die sich einfach nicht beruhigen wollen und eine Forderung nach der anderen stellen. Wenn Sie also das ewige Gezeter und ständige »Mama, kannst du mal« oder »Mama, komm mal her« nicht mehr hören können, dann ist es Zeit für den Eistrick: Gehen Sie mit Ihren Kindern ein Eis essen. Oder greifen Sie zu der Notration Eis im Tiefkühlfach. Das geht auch im Winter! Eine Alternative wäre Schokopudding. Setzen Sie sich gemütlich hin und essen Sie erst mal in Ruhe das Eis. Ganz genüsslich. Atmen Sie durch. Die Kinder sind erst einmal beschäftigt, die Stimmung besänftigt und danach kann man den verkorksten Tag noch mal neu starten.

Ebenfalls Wunder wirken Ortswechsel an Tagen, an denen Ihnen und den Kindern die Decke auf den Kopf fällt. Manchmal brauchen Kinder einfach ein bisschen Auslauf. Bei Regen ziehen Sie einfach Regenmantel und Gummistiefel an. Dann geht es los, eine Runde um den Block, in den Park oder zum Bäcker. So ein Ortswechsel durchbricht den Kreislauf »genervte Eltern – genervte Kinder – noch genervtere Eltern«. Denn oft entstehen große Streitereien oder Zusammenbrüche durch vermeintlich geringe Auslöser, einfach, weil sich die Situation hochschaukelt. Wenn Sie merken, dass so ein Hochschaukeln droht, hilft es, diesen Kreislauf bewusst zu durchbrechen.

Mutter-Zitat:

»Es gibt so Tage, da könnte ich schon nachmittags in Bett gehen und mir nur noch die Decke über den Kopf ziehen. Aber das geht natürlich nicht. Das Einzige, was hilft, wenn mir die Kinder total auf der Nase herumtanzen, nur noch streiten und ständig etwas von mir wollen, ist, an die frische Luft zu gehen. Ein Glück ist der nächste Spielplatz nicht weit und meistens beruhigt sich die Lage dort wieder. Ich kaufe mir auf dem Weg dorthin meistens einen Coffee-to-go und habe so mein eigenes kleines Ritual für diese Tage entwickelt.«

Auch wenn es oft Situationen gibt, in denen Sie einfach nur explodieren wollen, hilft es, nicht zu schnell über das Verhalten des Kindes zu urteilen. Also nicht gleich loszumeckern (wobei es Situationen gibt, da haben Sie mein vollstes Verständnis), sondern zu fragen: Wieso hat mein Kind das jetzt gemacht? Denn meistens wollen unsere Kinder uns Eltern ja gar nicht ärgern. Der Sohnemann hat ein Glas Wasser umgeworfen? Stöhnen Sie nicht gleich genervt auf, sondern schauen Sie genau hin: Er wollte sich nur schnell selbst ein paar Nudeln aus der Schüssel nachnehmen, damit Sie in Ruhe weiteressen können, und dabei ist er an sein Glas gekommen. Dabei wollte er doch einfach nur behilflich sei und seine Selbständigkeit zeigen. Ist das wirklich ein Grund zu schimpfen? Nein. Deshalb sollten Sie dieses oft reflexhafte Schimpfen unterdrücken – auch wenn der Tag anstrengend war. Denn ehe man sich versieht, ist man sonst drin in der Spirale: Sie meckern, der Sohn meckert zurück, dann mischt sich noch der meckernde Vater ein und am Ende ist die Stimmung am Essenstisch total im Keller. Dabei wollte Ihr Sohn nur zeigen, wie selbständig er ist, damit Sie in Ruhe Ihren Teller leer essen können! Es hilft, sich in solchen Situationen an Michel aus Lönneberga aus Astrid Lindgrens Büchern zu erinnern: Ihm passieren ständig Missgeschicke – dabei will er gar nicht böse sein und oft sogar nur helfen.

Ältere Kinder kann man übrigens auch ganz direkt fragen, wieso sie gerade so ein Theater machen. Die Antworten sind manchmal erstaunlich! Unser Großer zappelte zum Beispiel am Abendbrottisch immer herum und saß merkwürdig auf seinem Stuhl. Es machte uns wahnsinnig. Bis wir merkten, dass er es machte, weil ihm sein Kinderhochstuhl zu klein geworden war. Seitdem sitzt er auf einem normalen Stuhl – und benimmt sich auch normal beim Essen. Oft sind es nur kleine Stellschrauben, an denen man drehen muss. Wir müssen sie nur identifizieren, diese kleinen Schrauben. Und dabei können uns unsere Kinder mehr helfen, als wir denken. Schauen Sie Ihr Kind doch einfach mal ganz genau an und betrachten Sie die Situation mit den Augen Ihres Kindes.

WER SAGT DENN, DASS SIE IMMER *Funktionieren* MÜSSEN?

Und wenn gar nichts mehr hilft und Sie Ihr Kind am liebsten anschreien würden (und auch diese Momente sind völlig normal), dann lassen Sie Ihr Kind kurz alleine im Raum. Gehen Sie in den Nachbarraum, atmen Sie durch, schließen Sie kurz die Augen und zählen Sie bis zehn. Oder an ganz harten Tagen auch bis 20. Gehen Sie erst wieder zu Ihrem Kind, wenn sich Ihr Puls beruhigt hat. Auch das Klo kann in solchen Situationen ein guter Rückzugsort sein.

Wenn Sie nachts wachliegen und die Gedanken darum kreisen, wie Sie den nächsten Tag überstehen sollen, dann seien Sie realistisch: Was kann denn schlimmstenfalls passieren? Das Kind schafft es nicht rechtzeitig zum Fußballtraining? Na und, dann fällt das Training halt mal aus. Ist Ihr Kind enttäuscht, machen Sie was Nettes mit ihm. Eisessen oder Kakaotrinken. Sie werden zu spät zum Arzttermin kommen? Einmal ist keinmal und wahrscheinlich werden Sie eh im Wartezimmer warten müssen. Oft werden Sie feststellen, dass sich Probleme sogar ganz von alleine lösen. Mit dem Wissen schlafen Sie beruhigter ein. Und vergessen Sie nicht: Mitten in der Nacht lassen sich die Probleme sowieso eher selten lösen! Wenn Sie partout nicht schlafen können, dann stehen Sie auf und schreiben Sie in eine Liste, was zu tun ist und welche Probleme es zu beheben gilt. Wenn Sie so Ballast abgeworfen haben, wird das Einschlafen gleich viel leichter fallen.

Sie sind kein Mädchen für alles!

Mutter-Zitat:

»Seit wir eine Putzfrau haben, ist alles entspannter. Nicht nur, dass ich weniger im Haushalt machen muss, sondern auch dass mein Mann und ich uns weniger streiten. Wir haben uns sonst so oft darüber gezofft, wer was machen soll, und am Ende blieb es doch an mir hängen. Die 30 Euro, die wir in der Woche für unsere Putzhilfe ausgeben, sind gut angelegtes Geld. Der ganze Familienfrieden hat dadurch gewonnen.«

Machen Sie sich immer wieder klar: Ich bin kein Mädchen für alles. Überlegen Sie sich, welche Tätigkeiten wirklich sein müssen und was Sie auslagern können. Vielleicht können Sie die Belastung sogar ganz von sich schieben? Lässt sich an einer Stelle etwas einsparen, so dass Geld für eine Putzhilfe da ist? Oder für einen Gärtner, der Ihnen ein wenig zur Hand geht? Könnten Sie die Bügelwäsche nicht in einer Wäscherei abgeben? Zumindest in den Wochen, in denen es besonders hoch hergeht? Und kommen Sie bloß nicht in die Versuchung, »noch mal schnell« aufzuräumen, bevor Ihre Putzhilfe kommt! Delegierte Arbeit sollte auch delegierte Arbeit bleiben. Wenn am nächsten Tag die Putzhilfe vorbeikommt, müssen die Brotkrümel am Abend vorher nicht weggesaugt werden. Und nein, Sie müssen auch am Morgen nicht die Wasserränder vom Wasserhahn wischen!

Zögern Sie nicht, Ihren Partner mit einzubeziehen. Die Männer müssen ran und Ihre Frauen entlasten! Der Blick nach Skandinavien, wo Männer eine größere Verantwortung in Haushalt und Erziehung übernehmen, zeigt, dass es den Müttern dadurch besser geht. In Skandinavien werden Vätertätigkeiten auch stärker von der Gesellschaft honoriert. Dort ist es wesentlich selbstverständlicher als bei uns, dass ein Vater auch mal einen beruflichen Termin absagt, weil sein Kind krank geworden ist. Aber dazu gehört auch, dass Sie den Partner nicht um Hilfe bitten (und somit die Bittstellerin sind), sondern mit ihm gemeinsam partnerschaftlich besprechen, wie sich die Tätigkeiten gerechter aufteilen lassen. Am besten in aller Ruhe, BEVOR ein Notfall auftritt und man hektisch und aufgewühlt nach einer Lösung sucht. Sind die Kinder alt genug, beziehen Sie auch die Kinder mit ein. Geht der Papa mit gutem Beispiel voran, machen die Kinder es gleich viel selbstverständlicher.

Oma-Zitat:

»Ich frage mich, wieso die Mütter von heute alles alleine meistern wollen. Als ich junge Mutter war, war es üblich, dass die Nachbarn uns unterstützten, genauso wie Verwandte. Wenn man mal kein Ei für den Kuchen hatte, konnte man ohne Probleme beim Nachbarn klingeln und sich eins borgen. Meine Tochter hetzt in solchen Situationen noch einmal extra in den Supermarkt. Es war früher auch ganz normal, die Nachbarin zu fragen, ob sie kurz auf das Kind schaut, während man einen Brief zum Briefkasten brachte. Heute wird das Kind erst umständlich angezogen und dann mit Kinderwagen und Wickeltasche zum Briefkasten marschiert. Es ist doch schade, dass dieser Zusammenhalt heute fehlt.«

Bilden Sie Netzwerke mit anderen Frauen und unterstützen Sie sich gegenseitig dabei, wenn es z. B. darum geht, die Kinder zu hüten, vom Kindergarten abzuholen oder zum Fußballtraining zu bringen. Früher war es üblich, der Nachbarin eine Suppe zu kochen, wenn sie im Wochenbett lag, oder einer Freundin nach einer Gartenparty beim Abspülen zu helfen. Wieso kann man solche Gepflogenheiten nicht wiederaufleben lassen und sich so das Leben leichter machen? Die Nachbarschaftsnetzwerke und Familienzusammenhalte, die es früher viel häufiger gab, sollte man reaktivieren oder durch ein Mütternetzwerk ersetzen – machen Sie doch einfach den Anfang und fragen Sie die Mütter in der Kindergartengruppe. Sie werden überrascht sein, auf wie viel Zustimmung Ihre Idee treffen wird! Und wenn Ihnen das nächste Mal ein Ei für Ihren Kuchen fehlt, klingeln Sie doch einfach mal bei Ihren Nachbarn. Einen Versuch ist es wert!

Sorgen Sie für sich selbst

Um in jeder Hinsicht gesund zu bleiben und sich gut zu fühlen, ist es wichtig, dass Sie für sich selbst sorgen. Nicht nur alle paar Wochen einmal, sondern regelmäßig. Körperlich und geistig.

Auch Mütter haben Hobbys verdient

Mutter-Zitat:

»Ein Hobby, was war das noch mal? Wie soll ich dafür bitte Zeit haben? Wenn man mich so fragt, mein größtes Hobby ist es wohl grad, einfach mal früh ins Bett zu gehen.«

Entdecken Sie Ihre Hobbys wieder! Erinnern Sie sich: Was haben Sie früher gerne gemacht? In der Prä-Kind-Ära? Was würden Sie gerne machen, wenn Sie viel, viel freie Zeit für sich hätten? Haben Sie früher nicht gerne Klavier gespielt? Was hindert Sie daran, es wieder zu machen? Ganz ohne Perfektionismus, ganz ohne Druck, ein neues Stück unbedingt zu lernen. Sondern einfach nur zum Spaß. Und Ihren Kindern wird es mit Sicherheit gefallen, Sie Klavier spielen zu hören. Oder war das Nähen schon immer eine Leidenschaft von Ihnen? Dann holen Sie die Nähmaschine wieder hervor und nähen Sie abends. Etwas mit den eigenen Händen zu schaffen tut gut – viel besser, als unproduktiv vor dem Fernseher zu versacken (wobei ab und zu auch Berieselung absolut guttut, um nach einem anstrengenden Tag herunterzukommen).

Sehr entspannend für Körper und Geist wirkt übrigens auch Stricken – nicht umsonst wird es auch »Yoga für die Hände« genannt. Während Sie eine Masche nach der anderen aufnehmen, entspannt sich Ihr Gehirn und Ihre Gedanken hören auf zu kreisen. Der Kampf-oder-Flucht-Reflex, wie die Alarmreaktion des Nervensystems genannt wird, wird ruhiggestellt. Und dann werden auch noch Glückshormone ausgeschüttet, wenn Sie am Ende des Abends sehen, was Sie geschafft haben. Stricken Sie sich einen schönen Schal oder eine Kuscheldecke für lange Winterabende, dann belohnen Sie sich gleichzeitig. Stricken soll mehreren Studien zufolge den Blutdruck senken, Stress abbauen und gleichzeitig logisches Denken und die Kreativität anregen. Immer mehr US-Mediziner gehen so weit, ihren Patienten Stricken zu empfehlen, bevor sie ihnen Antidepressiva verschreiben. Sie haben noch nie gestrickt? Dann ist es Zeit, damit anzufangen! Es gibt gut gemachte Online-Videos im Internet, die Schritt für Schritt ins Stricken einführen – sogar für Linkshänder. Ich habe mir das Stricken mit Hilfe solcher Videos innerhalb von wenigen Tagen beigebracht und bin seitdem begeistert dabei! Als mit zwei linken Händen gesegnete Frau versichere ich Ihnen: Stricken ist einfacher, als Sie denken!

Genug Schlaf und das richtige Essen

Auch wenn es sich irgendwie selbstverständlich anhört: Schlafen Sie genug! Das haben Sie sicher schon tausend Mal gehört – aber dennoch sollten Sie sich den Tipp zu Herzen nehmen. Denn genügend Schlaf ist wichtig, um den Körper stressresistenter zu machen. Andauernder Schlafmangel schwächt das Immunsystem – und das hat bei Kleinkindeltern nun wirklich genug zu tun. Eltern von kleinen Kindern sind oft über Jahre hinweg nie richtig ausgeschlafen. Die durchwachten Nächte zehren an Ihren Körperkräften. Nach einer durchwachten Nacht funktioniert man am nächsten Morgen meist noch erstaunlich gut und sogar ein halbes Jahr mit zu wenig Schlaf stecken Eltern auch noch ganz gut weg – aber wenn Sie über einen längeren Zeitraum immer zu wenig schlafen, dann rächt sich das über kurz oder lang. Ihr Körper braucht diese Ruhepause! Wichtig ist dabei auch, dass Sie lange genug ungestört in der Tiefschlafphase bleiben können, denn gerade in dieser Phase regeneriert sich Ihr Körper.

Ihr Kind schläft noch nicht durch? Dann passen Sie doch Ihre Schlafenszeiten den Schlafenszeiten Ihres Kindes an. Die meisten Kinder schlafen in der ersten Nachthälfte länger am Stück als in der zweiten Nachthälfte. Die Chance auf einige Stunden ungestörten Schlaf und vollständig durchlaufende Tiefschlafphase ist also größer, wenn Sie nicht erst um Mitternacht ins Bett gehen, sondern schon mit Ihrem Kind oder zumindest kurz nach Ihrem Kind. So haben Sie die erste Tiefschlafphase schon hinter sich, bevor das Kind zum ersten Mal aufwacht.

Zu gutem Schlaf gehört eine gute Matratze genauso wie ein gutes Kopfkissen, aber auch die richtige Raumtemperatur (nicht mehr als

Mehr Zeit für mich – ohne schlechtes Gewissen! **115**

18 Grad) und wenn es geht, frische Luft. Das ist ja schön und gut, werden Sie nun vielleicht denken. Aber was, wenn Ihr Kind Sie einfach nicht durchschlafen lässt? Denn es ist ein Märchen, dass alle Kinder im ersten Lebensjahr das Durchschlafen lernen, nicht wenige Kinder wachen noch bis zum dritten Lebensjahr regelmäßig nachts auf. Und nicht wenige Kinder wecken ihre Eltern morgens um 6 Uhr, auch am Wochenende. Damit Ihr Körper sich erholen kann und Sie keinen chronischen Schlafmangel erleiden, sollten Sie sich mit Ihrem Partner abwechseln. Mal übernimmt er das nächtliche Versorgen des Kindes, mal Sie. Genauso an den Wochenenden: Ein Wochenende darf er ausschlafen, das andere Wochenende Sie. Und nicht zuletzt: Gehen Sie einen Tag in der Woche einfach mal mit den Kindern ins Bett und schlafen Sie bis zum nächsten Morgen. Das wirkt Wunder!

Wenn Sie trotz aller Erschöpfung nicht schlafen können, weil sich in Ihrem Kopf das Gedankenkarussell dreht, dann sorgen Sie für einen entspannten Übergang zur Nacht. Trinken Sie einen Melissentee, der beruhigt. Oder eine heiße Milch mit Honig. Schalten Sie Ihr Mobiltelefon rechtzeitig aus – am besten eine Stunde vorm Insbettgehen. Das blaue Licht von Telefon oder Tablet hält Ihren Körper vom Müdewerden ab und hält Sie künstlich wach. Besser ist es, vorm Schlafengehen etwas zu lesen. Aber nicht unbedingt den spannenden 500-Seiten-Thriller.

Genauso sollten Sie auf Ihre Ernährung achten. Hört sich auch selbstverständlich an – wird aber gerade unter Zeitdruck häufig vernachlässigt. Natürlich darf es ab und zu etwas Süßes sein und auch Pommes sind nicht tabu, aber genügend Vitamine und Nährstoffe stärken Ihren Körper und machen widerstandsfähiger gegen Krankheiten. Essen Sie bewusster. Genießen Sie das Stück Schokolade Bissen für Bissen, anstatt einfach nur nebenbei eine ganze Tafel herunterzuschlingen. Gesundes Essen muss nicht aufwändig sein, viel wichtiger sind frische Zutaten und ausreichend Obst und Gemüse. Die Käsestulle zum Abendbrot wird mit ein paar Gurkenscheiben, Radieschen und Tomate gleich viel vollwertiger. Genauso wichtig ist es, ausreichend zu trinken. Vor allem in stressigen Zeiten neigen wir dazu, das Trinken zu vernachlässigen. Erhält der Körper zu wenig Flüssigkeit, arbeitet er auf

Sparflamme, das heißt, Sie sind weniger leistungsfähig, schneller müde und können sich schlechter konzentrieren, auch Kopfschmerzen können auftreten. Das Blut dickt ein und transportiert weniger Sauerstoff ins Gehirn. Stellen Sie sich immer etwas Wasser in Sichtweite, um das Trinken nicht zu vergessen.

Die Signale des Körpers beachten

Hören Sie auf Ihren Körper und legen Sie eine Pause ein, wenn er eine verlangt. Ignorieren Sie nicht länger die Signale Ihres Körpers. Wenn der Körper »Durst« meldet, dann trinken Sie etwas. Ganz bewusst. Und denken Sie nicht: »Ich schenke mir gleich beim Mittagessen etwas zu trinken ein.« Der Körper will jetzt etwas trinken – also geben Sie ihm, was er braucht! Stellen Sie fest, dass Sie ständig gähnen? Dann öffnen Sie ein Fenster und atmen Sie die frische Luft ein. Ihre Schultern schmerzen? Dann legen Sie eine Pause ein und lockern Sie Ihre Schultern mit ein paar kreisenden Bewegungen. Der Bauch knurrt? Dann ist es jetzt Zeit für die Mittagspause, auch wenn es eigentlich noch eine halbe Stunde wäre bis zu Ihrer üblichen Essenszeit.

Merken Sie, dass Ihre Gedanken ständig abschweifen und Sie sich nicht auf Ihre Aufgaben konzentrieren können? Dann will Ihr Körper Ihnen sagen, dass es Zeit für eine kurze Pause ist. Wussten Sie, dass der Körper alle 90 Minuten eine Pause braucht? Niemand kann nonstop durcharbeiten. Achten Sie bewusst auf diese Signale Ihres Körpers und ignorieren Sie diese Anzeichen nicht einfach. Denn wer diese einfachen Signale ignoriert, der beachtet auch die anderen Hilferufe des Körpers nicht, die zu viel Stress vermelden! Wir müssen lernen, wieder bewusster in uns hineinzuhorchen.

Dafür dürfen Sie auch mal egoistisch sein. »Mama braucht kurz eine Pause« kann man auch kleinen Kindern vermitteln. Es ist immer wieder überraschend, wie gut sie sich dann auch zehn Minuten alleine beschäftigen können. Und ja, Sie dürfen Ihr Kind auch mal eine halbe Stunde vor einem Videoclip parken, damit Sie selbst eine kleine Pause haben. Ganz ohne schlechtes Gewissen!

Mehr Achtsamkeit im Alltag

Wichtig ist es, nicht immer an die Zukunft zu denken. Ein typischer Satz von Frauen, die auf ein Burnout zusteuern, ist: »Ich brauche nur ein paar Tage Urlaub, dann geht es wieder besser.« Es ist ein Irrglaube, dass sich die Situation zuhause oder im Job bessert, wenn Sie nur erst einmal im Urlaub waren. Denn in den allermeisten Fällen verfällt man nach dem Urlaub wieder in den alten Trott, wenn sich die äußeren Umstände nicht ändern. Es geht darum, das Jetzt zu gestalten und zu ändern, so dass es für Sie besser zu schaffen ist.

Um ein Gespür für den Moment zu bekommen und das Jetzt auszufüllen, ist Achtsamkeit nötig. Achtsamkeit, oder neudeutsch auch »Mindfulness« genannt, mag wie ein Modebegriff erscheinen – ist aber weit mehr als esoterischer Unsinn. Es geht darum, mit aller Aufmerksamkeit den Moment zu leben und zu spüren, und zwar auf eine akzeptierende Art und Weise und nicht bewertend. Verschiedene Studien haben in der Vergangenheit belegt, dass Achtsamkeit gesünder und psychisch stabiler macht und den Körper schult, gelassener mit Stresssituationen umzugehen.

Glück entsteht oft durch Aufmerksamkeit in kleinen Dingen, Unglück oft durch Vernachlässigung kleiner Dinge.

Wilhelm Busch

Legen Sie Ihr Smartphone bewusst zur Seite, stoppen Sie das Gedankenkarussell im Kopf. Und wagen Sie es ja nicht, im Geiste die Einkaufsliste durchzudeklinieren! Seien Sie einfach mal da. Spüren Sie den Moment. Dafür brauchen Sie kein Meditationstraining, keine Klangschalen, Räucherstäbchen oder Meeresrauschen-CDs. Fangen Sie einfach an, indem Sie mehrmals tief ein- und ausatmen und dabei beobachten, wie sich Ihr Bauch hebt und senkt. Schauen Sie dann in die Ferne, hören Sie auf die Geräusche, die Sie umgeben. Ohne zu bewerten. Nehmen Sie die Dinge einfach nur wahr: Fühlen Sie den Wind an den Armen? Riechen Sie den Kaffee aus dem Nachbarbüro? Spüren Sie die Fliesen unter Ihren Socken?

Eine weitere gute Übung, um das Gedankenkarussell im Kopf anzuhalten, ist es, aus dem Fenster zu schauen und halblaut vor sich hin zu sprechen, was Sie sehen. Einen großen Baum, der sich im Wind wiegt? Ein gelbes Auto, das vorbeifährt? Einen kleinen Mann mit Regenschirm? Sie werden sehen, dass Sie diese kleine Übung, die nicht länger als fünf Minuten in Anspruch nimmt, zur Ruhe bringt.

Diese kleinen Alltagsübungen müssen gar nicht lange dauern, bauen Sie sie als kleine Pausen einfach immer wieder ein und spüren Sie, wie Sie zur Ruhe kommen und die innere Unruhe verschwindet. Durch Achtsamkeitsübungen wird auch die Konzentration gestärkt. Nehmen Sie sich im Alltag immer wieder bewusst achtsame Pausen. Eine gute Gelegenheit dafür ist das Essen: Wie schmeckt das Essen? Wonach riecht es? Wie ist die Konsistenz? Wie lässt es sich kauen? Wie fühlt es sich im Mund an? Wie knackt das Brötchen beim Abbeißen? Sie werden merken, dass das Essen nicht nur besser schmeckt, sondern dass Sie auch sehr viel langsamer essen – was Ihnen Ihr Magen danken wird! Und da Stress auf den Magen schlägt, können Sie Ihrem Magen ruhig auch mal etwas Gutes tun.

Mutter-Zitat:

»Früher habe ich während der Essenspausen bei der Arbeit immer nebenher gearbeitet. Dabei habe ich gar nicht darauf geachtet, was ich esse und wie das eigentlich schmeckt. Bis meine Ärztin mir sagte, dass mein Cholesterinwert zu hoch sei. Seitdem achte ich auf mein Essen und esse viel bewusster. Mittags mache ich ganz bewusst eine Viertelstunde Pause, um in Ruhe zu essen. Meine Arbeit schaffe ich übrigens im selben Tempo wie früher, als ich die Mittagspause durcharbeitete. Aber ich fühle mich besser, weniger gestresst und mein Körper ist fitter.«

TO DO:

☑ **NICHT ALLES MUSS SOFORT ERLEDIGT WERDEN.**
MANCHES ERLEDIGT SICH AUCH VON ALLEINE, WENN MAN NUR LANGE GENUG WARTET.

Indem Sie sich bewusst auf den Moment konzentrieren, hören Sie auf, die vielen kleinen Problemchen lösen zu wollen, die in Ihrem Kopf herumschwirren. Denn oft ist unser Gehirn nonstop damit beschäftigt, den Alltag zu optimieren. Dabei lösen sich die meisten dieser Problemchen ganz von selbst und manch anfangs unlösbar erscheinende Aufgabe ist viel schneller erledigt, als wir dachten.

Aktiv das Leben in die Hand nehmen

Wichtig ist es, aktiv etwas an Ihrem Leben zu ändern und nicht nur passiv Dinge zu vermeiden. Suchen Sie aktiv nach Ruhepausen, lernen Sie aktiv Nein zu sagen und Probleme anzusprechen, statt unangenehmen Dingen nur aus dem Weg zu gehen. Und überlegen Sie jeden Tag, was Ihnen Energie gibt. Heben Sie diese Dinge besonders hervor. Sie können sie auch in ein Buch schreiben, das Sie immer wieder hervorholen, um bewusst nach diesen Energiespendern zu suchen. Und lächeln Sie sich einfach mal ganz bewusst im Spiegel an: Hey, es geht doch! Sehen Sie, wie sich die zusammengezogenen Augenbrauen entspannen? Die Falte auf der Stirn verschwindet? Denken Sie immer dran: Ein Lächeln hebt automatisch die Stimmung, selbst wenn es nur ein gezwungenes Lächeln ist. Diesen Körpermechanismus sollten Sie also so oft wie möglich nutzen!

Formulieren Sie positiv!

Stress wird übrigens dadurch ausgelöst, dass wir Aufgaben als bedrohlich wahrnehmen. Machen Sie sich diesen Zusammenhang bewusst und formulieren Sie Ihre Befürchtungen ins Positive um. Sätze wie »Das klappt nie«, »Heute geht alles schief« oder »Wie soll ich das nur schaffen?!« sollten Sie ganz aus Ihrem Sprachgebrauch und aus den Gedanken streichen. Wenn Sie merken, dass diese negativen Gedanken bei Ihnen aufblitzen, sagen Sie ganz bewusst: »Halt« und finden Sie eine positive Formulierung: »Das wird vielleicht schwierig, aber ich bekomme das hin.« Oder: »Wenn es schiefläuft, dann lerne ich daraus fürs nächste Mal.« Verwenden Sie bewusst positive Wörter, also »gesund« statt »nicht krank« und »mutig« statt »keine Angst«. Diese Autosuggestion hilft Ihnen, bewusst positiver zu denken und zu formulieren – und dieses auch nach außen zu tragen.

Achten Sie auch im Gespräch mit anderen auf positive Formulierungen, denn die Art, wie Sie reden, beeinflusst auch die Art, wie Sie wahrgenommen werden. Was wiederum einen Einfluss darauf hat, wie man Sie behandelt. Vorbehalte zu äußern ist Ihr gutes Recht, dasselbe gilt für Kritik: Aber der Ton macht die Musik. Statt zu sagen: »Der zweite Vorschlag ist nicht umsetzbar«, gehen Sie beispielsweise also nur auf den ersten Vorschlag ein und sagen: »Der erste Vorschlag erscheint mir praktikabel.« Sie können sich vorstellen, wie dieser Perspektivenwechsel auf Ihren Gesprächspartner wirkt!

Genauso sollten Sie Ihre Sprache einmal auf relativierende Füllwörter überprüfen: Wörter wie »irgendwie«, »sozusagen« oder der beliebte Zusatz »oder so« signalisieren Unsicherheit und zeigen, dass man sich selbst nicht genau festlegen will. Das gilt übrigens nicht nur im Gespräch mit einem Gegenüber – sondern auch mit sich selbst!

Sie kennen sicher das Beispiel mit dem halbvollen und halbleeren Glas. Das mag auf den ersten Blick vielleicht abgegriffen erscheinen: Aber an diesem vielzitierten Beispiel ist zu viel Wahres dran, um es einfach abzutun. Ihre Sicht der Dinge und die Art, wie Sie sie – sei es auch nur in Gedanken – formulieren, beeinflusst Ihr Denken, Ihre Haltung und vor allem auch Ihre eigene Wahrnehmung. Je häufiger Sie sich positiv äußern und bewusst positive Formulierungen wählen, umso optimistischer und positiver wird auch Ihr Denken werden. Unsere Gedanken steuern unser Handeln und beeinflussen unser Wohlbefinden mehr, als wir vielleicht denken. Die innere Einstellung beeinflusst unser Leben, unsere Gedanken und auch unser Verhalten. Dabei gilt die Regel: Positive Gedanken unterstützen und helfen. Negative Gedanken wirken hemmend.

Das Gute daran: Positives Denken kann man lernen! Man spricht dabei von »Glaubenssätzen«, die sich in unserem Leben in uns ausgebildet haben, oft aus der Kindheit stammen und auf denen viele der negativen

Gedanken beruhen. Das sind Sätze wie »Ich kann sowieso nicht richtig kochen«, »Die anderen meinen es nicht gut mit mir«, »heute ist nicht mein Tag« oder auch »Aus mir wird eh nichts«. Diese negativen Glaubenssätze lassen sich mit mentalen Techniken in positive Sätze umwandeln, die dann helfen, ein positiveres Selbstbild zu haben.

♡ Checkliste: Tricks für mehr Me-Time im Alltag

- Schluss mit dem Perfektionismus – Mut zur Lücke
- Prioritäten setzen – was ist Ihnen wirklich wichtig?
- Lernen Sie, Nein zu sagen!
- Stressoren und Zeitfresser identifizieren und Lösungen suchen oder ganz eliminieren
- Pufferzeiten einplanen bei allen Familienaktivitäten
- Die Tage nicht überfrachten
- Wochenplan fürs Essen und Einkaufen aufstellen
- Langeweile bei Kindern zulassen
- Die Kinder bei Haushaltstätigkeiten miteinbeziehen
- Aufgaben delegieren und abgeben
- Überlegen, ob Geld für eine Putzhilfe da ist
- Den Partner mehr in den Haushalt mit einbeziehen
- Netzwerke mit anderen Müttern bilden und sich gegenseitig unterstützen
- Alte Hobbys wiederentdecken
- Ausreichend schlafen
- Einmal pro Woche kurz nach den Kindern ins Bett gehen (Schlafrhythmus der Kinder aufnehmen)
- Auf gesunde, bewusste Ernährung achten
- Mehr Achtsamkeit im Alltag
- Gelegenheiten für kleine Pausen identifizieren und auch konsequent nutzen
- Nicht alles auf die Zukunft verschieben – den Moment nutzen
- Bewusst mehrmals im Tag dem Spiegelbild zulächeln
- Auf die Signale des Körpers hören
- Die eigenen Bedürfnisse nicht mehr zurückstellen

Nehmen Sie sich doch selbst einmal kritisch unter die Lupe: Wie oft stolpern Sie über diese negativen Glaubenssätze? Formulieren Sie diese Sätze bewusst um und suchen Sie sich neue Sätze, die für Sie gelten sollen. Konzentrieren Sie sich auf Ihre guten Seiten, auf das, was Sie geschafft haben, anstatt sich innerlich auf das zu fokussieren, was noch zu erledigen ist.

Ideen für Mama-Auszeiten

»Wann soll ich denn noch eine Auszeit in meinem Alltag unterbringen? Ich komme mit meiner Zeit doch eh schon nicht hin!« Das ist eine typische Reaktion von Müttern, wenn man ihnen nahelegt, doch auch mal Zeit für sich zu genießen. Aber eine Auszeit bedeutet nicht gleich, für ein ganzes Wochenende wegzufahren. Es muss auch nicht gleich ein ganzer freier Nachmittag sein – wobei Sie das tatsächlich ab und an anstreben sollten, um wirklich den Kopf frei zu bekommen. Aber tatsächlich helfen auch schon kleine Auszeiten im Alltag, bewusster und achtsamer zu leben und sich mehr auf sich selbst zu besinnen. Schon mit kleinen Ritualen und Auszeiten schaffen Sie es, das tägliche Hamsterrad anzuhalten und neue Kraft zu tanken. In diesem Kapitel möchte ich Ihnen einige Ideen geben, wie Sie diese Auszeiten ganz einfach in Ihren Alltag integrieren können.

Kleine Rituale im Alltag

Schaffen Sie kleine Zeitinseln im Alltag. Zeitinseln, die nur Ihnen allein gehören. Sie werden feststellen, dass diese kleinen Momente gar nicht lang sein müssen. Sie werden schnell sehen, dass schon eine Viertelstunde reicht, um die Akkus wieder aufzuladen. Wichtig ist, dass Sie diese kleinen Momente der Ruhe ganz bewusst in den Alltag integrieren und sie zu Ritualen werden lassen, auf die Sie sich freuen können, wenn ein stressiger Tag ansteht. Diese kleinen ritualisierten Pausen helfen, stressige Zeiten zu überstehen – und sind auch Belohnungen für das, was Sie täglich leisten. Rituale geben Halt im chaotischen All-

124 Die Kunst, keine perfekte Mutter zu sein

tag, sie können das Leben vereinfachen. Denn sie setzen Energien frei und vereinfachen das Miteinander. Sie können Zeit sparen und uns Entscheidungen abnehmen. Denn Rituale sind eine feste Institution, über die Sie nicht jedes Mal neu entscheiden oder verhandeln müssen, etwas, worauf Sie sich freuen können, und etwas, das Sie fest einplanen können. Die Wiederholung gibt uns Sicherheit und das Gefühl, dass sich, egal wie schnell sich das Leben dreht, manche Dinge einfach nicht ändern.

Wer pendelt, kann zum Beispiel überlegen, den Zug statt das Auto zu nehmen und die Zeit im Zug als »gewonnene Zeit« zu betrachten und dazu zu nutzen, ein gutes Buch zu lesen, anstatt sich über die lange Fahrtzeit aufzuregen. Kommen Sie um das Auto nicht herum, um zur Arbeit zu gelangen, legen Sie Ihre Lieblingsmusik auf und singen Sie ausgelassen dazu. Oder hören Sie ein Hörbuch. Wer mit dem Fahrrad fährt, kann den Arbeitsweg ebenfalls zu einem Ruheritual werden lassen. Treten Sie nicht einfach nur in die Pedale, sondern nehmen Sie Ihren Arbeitsweg bewusst wahr. Genießen Sie die Morgensonne, das Zwitschern der Vögel, aber auch die Regentröpfchen, die auf der Nasenspitze kitzeln. Vielleicht können Sie sogar einen kleinen Umweg fahren, der nicht entlang der vielbefahrenen Hauptstraße führt, sondern durch die Natur.

Stehen Sie doch morgens mal als Erste auf. Machen Sie eh schon, damit Sie alle Frühstücksbrote geschmiert bekommen? Dann stellen Sie den Wecker noch eine Viertelstunde früher – Sie werden merken, dass Sie nicht viel müder sein werden. Diese gewonnene Viertelstunde nutzen Sie ganz bewusst nur für sich: Duschen Sie in Ruhe. Cremen Sie sich ganz bewusst mit einer kleinen Massage ein, statt einfach nur in den täglichen »Pamp, schmier, ab dafür«-Trott zu verfallen. Eine angenehm duftende Bodylotion lässt daraus schnell ein kleines Wellnessritual werden. Lesen Sie die Zeitung. Trinken Sie den Kaffee, Schluck für Schluck. Und wecken Sie erst dann den Rest der Familie. So eine Pause können Sie auch nach der Arbeit einlegen. Holen Sie die Kinder doch einfach einmal diese Woche eine halbe oder ganze Stunde später aus dem Kindergarten ab (sofern es die Schließungszeiten zulassen) und gehen Sie in ein Café. Ganz alleine, ganz in Ruhe.

Mehr Zeit für mich – ohne schlechtes Gewissen! **125**

Und nehmen Sie das Tempo aus Ihrem Alltag: Gehen Sie nicht gleich beim ersten Klingeln ans Telefon, sondern immer erst beim dritten. Ganz bewusst. Halten Sie sich an die Geschwindigkeitsbegrenzungen, anstatt zu rasen. Sie sparen durchs Rasen nicht wirklich viel Zeit – Hand aufs Herz! –, aber Sie werden merken, dass Sie viel entspannter ans Ziel kommen. Oder stellen Sie sich doch einfach mal in die erstbeste Schlange im Supermarkt, anstatt zu überlegen, welche denn die schnellste ist, und sich hinterher zu ärgern, dass Sie wieder zu lange gewartet haben. So groß ist der Zeitunterschied nämlich nicht. Und wenn Sie die Situation einfach akzeptieren und die Zeit nicht als »verlorene« Zeit ansehen, fühlen Sie sich gleich weniger gestresst.

Es sind diese bewussten Pausen, die Sie zur Ruhe kommen lassen. Legen Sie diese kleinen Pausen auch im Arbeitsalltag ein: Stürzen Sie sich nach der Mittagspause nicht sofort wieder in die Arbeit, sondern schauen Sie vorher noch einen Moment aus dem Fenster. Atmen Sie, am besten vor geöffnetem Fenster, denn Sauerstoff macht wach und konzentriert. Legen Sie immer wieder kleine Pausen ein, zum Beispiel die Kaffeepause mit Smalltalk – die Schweden machen es uns mit ihren ritualisierten »Fikas«, den vielen kleinen gemeinsamen Kaffeepausen, vor, wie man den Arbeitsalltag gleich viel entspannter angehen kann! Auch der kleine Spaziergang nach dem Mittagessen kann so ein Ritual sein, bei dem Sie nur mit sich selbst allein sind und einmal zur Ruhe kommen. Und: Stürzen Sie nicht gleich von der Arbeit zum Kindergarten. Finden Sie einen Tagesabschluss bei der Arbeit. Das kann das tägliche Sortieren der Unterlagen sein, das tägliche Abstreichen der To-do-Liste oder das Aufräumen des Schreibtischs. Das hilft Ihnen, auch mental Feierabend zu machen.

Tragen Sie diese Momente für sich selbst am besten in Ihren Kalender ein – denn so fühlen Sie sich eher verpflichtet, sich auch wirklich an Ihre guten Vorsätze zu halten!

Nicht nur tägliche Rituale verhelfen zu mehr Ruhe im Alltag, genauso auch wöchentliche oder monatliche. Das kann die sonntägliche ausgedehnte Dusche mit Wellnessmaske und Eincremen ohne Zeitdruck sein. Wenn Sie sich bewusst um Ihren Körper kümmern, hilft das übrigens, auf die Signale des Körpers zu achten – und so die ersten Burnoutsignale nicht einfach zu übersehen.

Auch Rituale mit der ganzen Familie tun gut: das Wochenendfrühstück im Schlafanzug. Der monatliche Schwimmbadbesuch, bei dem aber auch Mama mal ein paar Bahnen alleine ziehen darf. Der monatliche Familienspaziergang im Wald. Das gemeinsame Einkaufen auf dem Wochenmarkt. Diese wiederkehrenden Dinge bringen Ruhe in das ganze Familienleben – und eben diese Rituale wie das Backen im Advent oder der Samstagabendfamilienfilm mit Popcorn sind Erlebnisse, an die sich unsere Kinder noch gerne erinnern werden. Erinnern Sie sich an liebgewonnene Rituale Ihrer Kindheit und führen Sie diese auch bei sich zuhause ein. Gemeinsame Rituale verbinden – und schaffen gemeinsame Erinnerungen, die stark machen.

Machen Sie es zum Ritual, einmal in der Woche aufzuschreiben, was Ihnen diese Woche besondere Freude bereitet hat oder gut gelungen ist. Diese schönen Erinnerungen können Sie sich dann immer wieder hervornehmen und sich so selbst motivieren: Denn all diese schönen Momente im Leben sind es wert, dass man sich an sie erinnert! Sie sollten viel mehr hervorgehoben und wertgeschätzt werden, damit sie nicht untergehen in all den Alltagssorgen.

Sport

Regelmäßiger Sport hilft gleich auf mehrere Arten gegen Stress. Es ist mittlerweile erwiesen, dass Sport und Bewegung Depressionen vorbeugen. Sport bewirkt, dass Hormone abgebaut werden, die durch Stress ausgeschüttet werden – auf Dauer macht Sport somit auch stressresistenter. Außerdem werden Kreislauf und Immunsystem gestärkt und je nachdem, was für einen Sport Sie machen, werden beanspruchte Muskeln wie die Rücken- und Schultermuskulatur trainiert, die bei Müttern besonders leiden. Und wahrscheinlich wissen Sie selbst aus eigener Erfahrung, dass es einfach guttut, sich nach einem stressigen Tag mal so richtig »auszupowern« oder aber beim Yoga die Muskeln geschmeidig zu dehnen.

Mehr Zeit für mich – ohne schlechtes Gewissen! **127**

Aber Sport ist für uns Mütter mit einem Problem verbunden: unserer knappen Zeit. Natürlich können wir auch jeden Abend Gymnastikübungen oder Yoga machen, wenn die Kinder im Bett sind. Aber nicht jeder ist abends noch fit genug für Sportübungen (ich jedenfalls ganz und gar nicht!) und viele kennen das Problem mit dem inneren Schweinehund, der uns dann doch wieder faul vorm Fernseher liegen lässt. Ein Sportkurs oder eine Joggingverabredung mit Freundinnen helfen beim Aufraffen und Dranbleiben, abgesehen davon, dass es Spaß bringt, mit anderen gemeinsam etwas zu unternehmen.

Aber das bedeutet auch: Abwesenheit von zuhause. Und das muss organisiert werden. Sind Sie abends noch in der Lage, ins Fitnessstudio, zum Pilates oder Zumba-Training zu gehen, dann ist das wahrscheinlich noch am leichtesten zu managen: Im Idealfall passt der Partner auf die Kinder auf. Schwieriger ist es schon, wenn man lieber tagsüber einen Kurs besuchen möchte. Lassen die Schließungszeiten des Kindergartens es zu, können Sie die Kinder zum Beispiel einmal in der Woche länger dort lassen und vor dem Abholen Sport treiben. Und bitte ohne schlechtes Gewissen! Denn Ihre Kinder werden es kaum bemerken und problemlos verkraften, und Ihnen wird es guttun! Ganz sicher. Zählen Sie zu den Frühaufstehern, bietet es sich an, morgens vor dem Frühstück, wenn alle noch schlafen, eine Joggingrunde zu drehen. Es gibt auch immer mehr Fitnessstudios, die eine Kinderbetreuung anbieten – es lohnt sich, sich einmal umzuhören und nachzufragen.

Sind Sie noch in der Elternzeit, ist es übrigens noch leichter, Sportkurse zu besuchen. Denn für frischgebackene Mütter gibt es viele Angebote wie Yoga, Pilates oder Kangatraining, wo die Babys entweder in der Trage dabei sind oder vor der Mama auf der Decke liegen und sich an den anderen Babys im Raum erfreuen. Auch wenn Sie zwischendurch sicher immer wieder mit Stillen oder Babyberuhigen zu tun haben, sind diese Kurse eine einfach zu nutzende Gelegenheit, Sport zu treiben und gleichzeitig unter andere Mütter zu kommen und sich auszutauschen. Und als kleine Motivation: Es muss nicht immer gleich eine riesige Sporteinheit sein, um Ihrem Körper etwas Gutes zu tun. Schon eine Viertelstunde schnelles Gehen hat einen positiven Gesundheitseffekt. Das kann auch der schnelle Gang zur Bushaltestelle oder zum absichtlich etwas weiter weg geparkten Auto sein. Hauptsache, Sie bewegen sich. Regelmäßig. Schon wenn Sie täglich ein kleines bisschen mehr Bewegung in Ihr Leben bringen, tun Sie etwas für Ihren Körper und Ihr Wohlbefinden.

Integrieren Sie in Ihren Alltag so viel Bewegung wie möglich, um sich fit zu halten und Verspannungen abzubauen. Das kann das einfache Schulterkreisen vor dem Computerbildschirm sein oder das seitliche Dehnen der Halsmuskulatur – beides Übungen, die sich leicht mehrfach am Tag im Alltag unterbringen lassen, ebenso wie regelmäßiges Recken und Strecken. In unserem Alltag neigen wir nämlich dazu, unsere Muskeln zu verkürzen – deshalb sollten wir sie regelmäßig wieder bewusst dehnen. Stellen Sie sich beim morgendlichen und abendlichen Zähneputzen auf die Zehen und senken Sie sich wieder langsam auf die Fersen ab: Das ist leicht zu bewerkstelligen und ist gut für die Venen und Wadenmuskulatur.

Ebenfalls leicht in den Alltag integrierbar sind Augenübungen, die besonders bei häufiger Bildschirmarbeit guttun und die Augenpartie entspannen – was auch Kopfschmerzen vorbeugen kann. Schauen Sie regelmäßig aus dem Fenster in die Ferne, am besten ins Grüne. Auch eine sanfte Massage der Nasenwurzel mit Daumen und Mittelfinger bringt sofortige Entspannung. Drücken Sie anschließend den Punkt zwischen den Augenbrauen leicht für einige Sekunden – diese kleine Akupressur entspannt die Stirnmuskulatur und zusammengezogene Augenbrauen lockern sich sofort.

Joggen

Joggen ist die am einfachsten auszuübende Sportart: Sie brauchen nur gute Turnschuhe und los geht es. Joggen ist gut für die Ausdauer und den Kreislauf, stärkt das Immunsystem und hilft dabei, einmal so richtig abzuschalten. Wie wäre es damit, das Kind joggend in den Kindergarten zu bringen? Ihr Kind hat bestimmt Spaß daran, auf dem Fahrrad neben Ihnen herzufahren und zu schauen, wer schneller am Ziel ist! Der positive Nebeneffekt des Joggens: Beim Laufen werden die

Glückshormone Serotonin und Endorphin freigesetzt. Diese stimmungsaufhellenden Hormone werden schon nach 30 bis 60 Minuten moderatem Ausdauertraining ausgeschüttet. Joggen hilft nachweislich auch bei Depressionen.

Schwimmen

Perfekt für den oft beanspruchten Rücken ist Rückenschwimmen. Dazu wird die Ausdauer trainiert, der Kreislauf angeregt und die Figur geformt. Schwimmen lässt sich auch ohne Kurs relativ einfach in den Tagesablauf integrieren. Wie wäre es damit, einmal in der Woche vor der Arbeit für eine halbe Stunde ins Hallenbad zu gehen? Viele Schwimmbäder haben auch spezielle Frühöffnungszeiten, wo man schon ab sechs Uhr seine Bahnen ziehen kann. Zugegeben, man muss dafür auch der Typ sein: Öffentliche Duschen, nasse Haare, das ist nicht jedermanns Sache. Aber einen Versuch ist es wert: Schon 20 Minuten Schwimmen kräftigen den Körper, erfrischen und machen richtig schön wach!

Trampolinspringen

Haben Sie ein Trampolin für Ihre Kinder zuhause? Kinder lieben es, darauf herumzuhopsen. Machen Sie es Ihren Kindern doch einfach nach! Oder noch besser: Hüpfen Sie gemeinsam mit Ihren Kindern auf dem Trampolin. Das bringt nicht nur Spaß und hebt die Stimmung, Trampolinspringen ist auch noch ein gesunder Sport. Schon zehn Minuten täglich reichen dabei, um einen positiven Effekt auf die Gesundheit zu erzielen. Das Herz-Kreislauf-System wird angeregt, die Ausdauer verbessert und die Muskeln gelockert und je nachdem, wie Sie springen, auch trainiert. Da das Trampolin die Sprünge abfedert, ist auch die Belastung auf die Gelenke geringer als beispielsweise beim Joggen. Außerdem kräftigt das Trampolinspringen die Beckenbodenmuskulatur und regt die Verdauung an.

Yoga

Ein perfekter Sport, der gleichermaßen Entspannung und Kräftigung fördert, ist Yoga. Je nachdem, welche Yogarichtung eingeschlagen wird, werden die Muskeln nämlich ganz schön trainiert! Da es bei Yoga auch immer um die Atmung geht und am Ende jedes Trainings eine Schlussentspannungsübung ansteht, ist Yoga zudem eine sehr gut geeignete Sportart, um in Balance und zur Ruhe zu kommen. Yoga wird nicht nur in Yogastudios angeboten, sondern auch in immer mehr Fitnessstudios – vielleicht ist ja auch eins mit Kinderbetreuung darunter? Und wer schon mal einen Yogakurs besucht hat und etwas Übung hat, kann Yoga auch ganz leicht zuhause in den Alltag integrieren. Auch Yoga-Bücher und Yoga-CDs mit Anleitungen helfen dabei, wenn man eingerostetes Yoga-Wissen wieder auffrischen will. Wobei sich bei Yoga-Neulingen ein Kurs wirklich empfiehlt, denn Yogaübungen müssen mit Bedacht ausgeführt werden – die richtige Ausführung ist wichtig. Falsch ausgeführte Übungen können sogar mehr schaden als nützen. Wer sich mit Yoga auskennt, kann zum Beispiel jeden Morgen den Sonnengruß in der Morgenroutine unterbringen: Einfach zehn Minuten lang die Übungen fließend wiederholen, dabei tief atmen und schon sind alle Muskeln trainiert und man selbst geht gestärkt in den Tag.

Atemübungen

Atemübungen lassen sich immer wieder unkompliziert in den Alltag einbauen. Dabei helfen zum Beispiel Atemtechniken aus dem Yoga, aber auch einfache, tiefe Atemzüge sorgen sofort für ein besseres Gefühl und lassen sich in vielen Situationen praktizieren. Gerade wenn wir unter Stress stehen, atmen wir unbewusst flacher, so dass das Gehirn mit weniger Sauerstoff versorgt wird. Dadurch sinkt die Leistungsfähigkeit und wir werden schneller müde. Bewusstes tiefes Atmen, idealerweise am offenen Fenster, versorgt das Gehirn mit viel Sauerstoff, gibt neue Energie und beruhigt den Puls. Schon zwei Minuten ruhiges, bewusstes Atmen reichen dabei, um neue Energie zu tanken. Dabei hilft es, auf den Bauch zu schauen und zu beobachten, wie er sich beim Ein- und Ausatmen hebt und senkt. Sich nur auf den

Atem zu konzentrieren, hilft auch dabei, das Gedankenkarussell zu stoppen.

Abwechselnd durch das eine und das andere Nasenloch zu atmen, stärkt beispielsweise das Immunsystem und hilft auch bei verstopfter Schnupfennase. Aus dem Kundalini-Yoga kommt folgende Atemübung, die beruhigend wirken soll: Verschließen Sie das rechte Nasenloch mit dem Daumen und atmen Sie für drei Minuten nur durch das linke Nasenloch ein. Die linke Körperhälfte steht für das »weibliche, kühle Prinzip«. Wenn Sie also nur durch das linke Nasenloch atmen, soll das den Herzschlag verlangsamen und die Gedanken beruhigen. Das Atmen durchs rechte Nasenloch hingegen soll anregen und aktivierende Eigenschaften haben.

Eine andere Atemübung aus dem Yoga ist es, das Ausatmen schrittweise zu verlängern: Atmen Sie tief ein, machen Sie dann eine kleine Pause und atmen Sie bewusst ganz lange aus. Zählen Sie dabei die Sekunden, die Sie für das Ausatmen benötigen. Von Atemzug zu Atemzug versuchen Sie nun das Ausatmen zu verlängern. Auch dadurch kommen Sie innerlich zur Ruhe und versorgen Ihren Körper mit Sauerstoff.

Entspannungstechniken

In Kursen lassen sich verschiedene Entspannungstechniken erlernen, die bekanntesten sind wohl Autogenes Training und die Progressive Muskelentspannung nach Edmund Jacobson. Aktive Entspannungstechniken können helfen, Verspannungen zu lösen, und schulen Ihre Körperwahrnehmung. Sie helfen, in zukünftigen Stresssituationen belastbarer zu sein. Außerdem unterstützen diese Techniken dabei, gelassener und langfristig auch zufriedener zu werden. Psychosomatische Beschwerden wie Spannungskopfschmerzen oder Herz- und Kreislaufbeschwerden sowie die emotionale Reizbarkeit können ebenfalls gelindert werden. Wer eine aktive Entspannungstechnik gut verinnerlicht und geübt hat, kann diese auch als Soforthilfe in akuten

Stresssituationen einsetzen – was den Umgang mit Stress sofort erleichtert.

Eines haben aber alle Entspannungstechniken gemeinsam: Übung macht den Meister. Erst durch das regelmäßige Üben, am besten etwa 15 bis 20 Minuten täglich, werden Sie diese Techniken richtig anwenden können und die gewünschten Erfolge erzielen. Übrigens erstatten viele Krankenkassen die Kursgebühren von Entspannungstechniken, wenn man einen zertifizierten Kurs besucht. Eine Nachfrage bei der Krankenkasse lohnt sich – oft gibt es auf der Webseite direkt Informationen, wer am Wohnort diese Kurse anbietet.

Autogenes Training

Beim Autogenen Training wird der Körper durch Autosuggestion mit antrainierten Sätzen in einen Entspannungszustand versetzt. Dabei kann mit Sätzen wie »Der linke Arm wird schwer« der ganze Körper nach und nach in eine Tiefenentspannung fallen. Wer es erlernt hat, dem reichen schon kleine Übungen, um einen Entspannungszustand zu erreichen, auch ein erhöhter Blutdruck kann dadurch gesenkt werden. Wichtig ist, nach der Tiefenentspannung nicht sofort wieder auf 100 Prozent zu gehen, sondern erst langsam wieder die Körperfunktionen hochzufahren. Kurse für Autogenes Training bietet so gut wie jede Volkshochschule an.

Progressive Muskelentspannung

Die Progressive Muskelentspannung (auch Progressive Muskelrelaxation) arbeitet nach dem Prinzip »Nur wer etwas bewusst anspannen kann, kann es auch bewusst entspannen«. Durch bewusste An- und Entspannung einzelner Muskelgruppen wird die Körperwahrnehmung verbessert, so dass man immer dann, wenn man möchte, eine schnelle muskuläre Entspannung herbeirufen kann. Auch die Progressive Muskelentspannung nach Jacobson ist an den meisten Volkshochschulen erlernbar.

An die Progressive Muskelentspannung angelehnt ist folgende kleine Entspannungsübung für zwischendurch: Sobald Sie merken, dass eine Stresssituation eintritt, achten Sie auf Ihren Schultergürtel und ziehen Sie Ihre Schultern bewusst hoch. Dann atmen Sie kontrolliert und betont aus und lassen die Schultern locker und entspannt nach unten fallen. Wenn Sie diese kleine Übung mehrmals gemacht haben, werden Sie feststellen, dass Sie sie in stressigen Momenten reflexhaft und ohne nachzudenken durchführen werden. Generell sollten Sie jedes Mal, wenn es etwas turbulenter zugeht, bewusst das Tempo herausnehmen. Sprechen Sie langsamer und kontrolliert, achten Sie bewusst auf Ihre Bewegungen. Atmen Sie tiefer ein und kauen Sie beim Essen ganz in Ruhe. Sie werden merken, dass diese kleine Entschleunigung hilft, den Stress aus dem Alltag herauszunehmen – oder ihn zumindest leichter zu ertragen.

Qigong

Die Wurzeln des Qigong liegen in der Traditionellen Chinesischen Medizin. Qigong kombiniert Atem-, Bewegungs- und Meditationsübungen. Dadurch sollen Atmung, Körperhaltung und Bewusstsein miteinander verknüpft werden. Die fließenden langsamen Bewegungen, die oft sehr poetische Namen wie »Der Kranich breitet seine Flügel aus« tragen, können in verschiedenen Kursen erlernt werden und lösen muskuläre Verspannungen, verbessern die Koordination und erhöhen die Stressresistenz. Qigong stärkt die innere Balance und unterstützt das Immunsystem. Da es auf die genaue und langsame Ausführung der Übungen ankommt, ist ein Kurs empfehlenswert. Wenn man Qigong-Übungen einmal erlernt hat, können sie unkompliziert in den Alltag eingebaut werden, zum Beispiel nach dem Aufstehen oder vor der Mittagspause.

Tai Chi

Tai Chi funktioniert ähnlich wie Qigong und kommt ebenfalls aus China. Es ist ursprünglich ein Kampfsport zur Selbstverteidigung und wird auch Schattenboxen genannt. Viele Bewegungsabläufe sind aus dem Qigong entnommen, auch Tai Chi stärkt Körper und Geist und verbessert durch langsame Bewegungsabläufe die Koordination. Es empfiehlt sich, zunächst einen Kurs zu besuchen, um die Übungen zu erlernen. Dann können sie auch einfach in den Alltag eingebaut werden.

Freundinnen treffen

Nur weil Sie jetzt Mutter sind, ist das kein Grund, den Mädelsabend einschlafen zu lassen. Da muss halt der Vater oder ein Babysitter das Kind ins Bett bringen, wenn das monatliche Abendessen mit den Freundinnen ansteht. Treffen Sie sich bewusst weiterhin mit Ihren alten Freundinnen, auch wenn diese keine Kinder haben und Sie vielleicht das Gefühl haben, dass Ihnen die gemeinsamen Gesprächsthemen ausgehen. Aber gerade Gespräche, in denen es mal nicht um Kinder geht, werden Ihnen guttun und Abwechslung in den Alltag bringen. Denn sonst drehen sich Ihre Gedanken ständig um die Kinder und den Haushalt – Sie schmoren sozusagen zu sehr im eigenen Saft! Solche Gespräche machen den Kopf frei und zeigen Ihnen: Es gibt sie noch, die »Welt da draußen«!

Lassen sich Ihre Kinder eigentlich nur von Ihnen ins Bett bringen oder stillen Sie noch abends? Dann ist ein gemeinsames Frühstück vielleicht einfacher zu organisieren. Und ab sofort ist der Partner dran: Kinder ins Bett bringen will geübt werden! Vielleicht lässt sich mit etwas Übung ja sogar mal ein Wochenende nur mit Freundinnen verbringen. Nicht jede Mutter ist der Typ dafür, aber viele berichten davon, dass es ihnen guttut, einfach mal rauszukommen und ein Wochenende lang in anderer Umgebung ganz ohne Familie abzuschalten. Probieren Sie es doch erst einmal tageweise aus und machen Sie einen längeren Tagesausflug mit einer guten Freundin – und kommen Sie erst nach Hause, wenn die Kinder abends im Bett sind!

Wenn Freundinnen Kinder haben, ist es einfach, diese auch mit den Kindern zusammen zu treffen. Je früher die Kinder sich aneinander gewöhnen, umso besser spielen sie später miteinander. Aber auch mit diesen Freundinnen sollten Sie sich ab und zu alleine treffen, denn mit

Kindern kommt man selten dazu, sich wirklich ungestört zu unterhalten, jedenfalls solange die Kinder noch klein sind.

Genauso ist es aber auch gut für Ihr Wohlbefinden, wenn Sie sich von eingeschlafenen Kontakten lösen und keine Verabredungen mehr einzugehen, die Sie nur aus Pflichtgefühl trafen. Kennen Sie diese eingeschlafenen Kontakte? Die alte Schulfreundin, die man nur einmal im Jahr trifft, weil es so eine Gewohnheit ist? Die Gespräche, die immer zäher werden, das Auf-die-Uhr-Schauen beim Treffen, das Gefühl, sich auseinandergelebt zu haben? Das gibt es nicht nur bei Paaren, sondern auch bei Freunden. Fragen Sie sich ehrlich: Was bringen Ihnen diese Treffen? Kontakte, die man nur aus Pflichtgefühl aufrechterhält, können auch zu einer Belastung werden. Sie müssen ja nicht den radikalen Schritt machen und die Freundschaft kündigen, also »Schluss machen«, sondern können auch ganz behutsam die Abstände zwischen den Treffen verlängern. Das gibt Ihnen Luft, sich auf die Menschen zu konzentrieren, die Ihnen wichtig sind. Radikal trennen sollten Sie sich von Kontakten, die mehr schaden als nützen. Es gibt Energieräuber, die immer negativ eingestellt sind und Sie mit ihren Ansichten runterziehen, Kennen Sie solche Exemplare? Dann lassen Sie diese Treffen in Zukunft und investieren Sie Ihre Zeit lieber in Beziehungen, die Ihnen guttun.

Stellen Sie Ihren Bekanntenkreis auf den Prüfstand und machen Sie eine Art Bestandsanalyse: Wer bringt Sie zum Lachen? Mit wem würden Sie gerne häufiger zusammen sein? Wen vermissen Sie, wenn Sie länger nichts voneinander hören? Von wem fühlen Sie sich verstanden und akzeptiert? Wer hört Ihnen zu, auch ohne immer alles besser zu wissen? Wer hingegen langweilt Sie? Wer gibt ständig ungefragt Ratschläge, ohne Sie aussprechen zu lassen? Von wem fühlen Sie sich ausgenutzt und haben das Gefühl, nur zu geben, aber nichts zu bekommen? Die Antworten auf diese Fragen helfen, »gute« von »schlechten Kontakten« zu trennen und sich auf die Menschen zu konzentrieren, die es wert sind.

Zeit für den Partner

Alles dreht sich ums Kind? Das ist verständlich, schließlich stellt so ein Kind das ganze bisherige Leben auf den Kopf. Aber trotzdem sollten Sie und Ihr Partner sich nicht nur als Eltern sehen. Vergessen Sie nicht: Sie sind immer noch ein Paar. Und das ist mehr als Mama und Papa! Deshalb ist es so wichtig, auch Zeit für sich zu haben. Zeit zu zweit. Im trubeligen Alltag stellen viele Eltern irgendwann fest, dass sie als Paar eher nebeneinander herleben anstatt miteinander. Die Kinder kosten Energie, der Job raubt das bisschen Kraft, was noch bleibt, und am Ende bleibt keine Energie mehr für die Paarbeziehung über. Eine Weile mag das gut gehen – aber irgendwann kommt es zu einem großen Knall, der großen Enttäuschung und der Frage, wieso man eigentlich noch zusammenlebt. Denn auf lange Sicht reicht die gemeinsame Liebe zum Kind nicht, um ein Paar miteinander zu verbinden. Was Sie mit Ihrem Partner verbindet, ist vor allem die Liebe zueinander. Deshalb sollten Sie frühzeitig gegensteuern und egal, wie hektisch der Alltag ist, immer auch Zeit mit Ihrem Partner einplanen.

Es reichen schon kleine Zeitinseln – es muss nicht immer das große Candle-Light-Dinner sein. Schon ein gemeinsames Frühstück, während die Kinder ins Spielzimmer verschwunden sind, kann bereichernd wirken. Oder auch abends, wenn das Kind schläft, nicht nur vor dem Fernseher zu versauern, einer schweigend neben dem anderen. Unterhalten Sie sich mal in Ruhe! Basteln Sie etwas, bauen Sie etwas, haben Sie ein gemeinsames Projekt! Entdecken Sie gemeinsame Hobbys, das verbindet. Eine Entfremdung und innere Distanz setzt immer schrittweise ein – und deshalb sollten Sie bei den ersten Anzeichen gegensteuern. Bleiben Sie an Ihrem Partner dran. So viel Zeit muss sein!

Mutter-Zitat:

»Seit Maja auf der Welt ist, haben mein Mann und ich uns gar nicht mehr richtig unterhalten. Wenn mein Mann abends von der Arbeit nach Hause kommt, ist unsere Tochter oft schon im Bett. Und ich bin zu kaputt, um noch ein vernünftiges Gespräch zu führen. Oft sitzen wir nur nebeneinander vorm Fernseher oder klären ein paar organisatorische Dinge. Was aber noch schlimmer ist: Wir streiten uns seit einiger Zeit ständig. Weil ich in seinen Augen alles falsch mache, zu lasch erziehe, mich zu oft beschwere. Dabei hätte ich es doch selbst gewählt, wieder zu arbeiten. Wenn es nach ihm ginge, müsste ich das ja nicht. Ich muss es mir ständig anhören. Ihm wäre es glaube ich lieber, ich würde nur Hausfrau und Mutter sein – denn dann müsste er nichts im Haushalt machen. Ich habe das Gefühl, wir sind uns seit der Geburt von Maja nicht nähergekommen, sondern sind eher weiter auseinandergedriftet. Dabei hatte ich mir das ganz anders vorgestellt.«

Es gibt übrigens viele solcher kleinen Zeitinseln zu zweit – man muss sie nur erkennen. Das kann nämlich auch die Autofahrt sein, bei der das Kind eingeschlafen ist und man endlich Zeit für ein Gespräch hat, ohne ständig unterbrochen zu werden. Wir sind schon so manches Mal noch eine Runde um den Block gefahren, um in Ruhe weiterzureden.

Aber egal, wie viele dieser kleinen Zeitinseln Sie für sich und Ihren Partner finden: Ab und zu sollte es auch der Abend nur für Sie beide sein. Engagieren Sie einen Babysitter oder lassen Sie die Oma einspringen und gehen Sie schick zusammen essen. Oder tanzen. Oder ins Kino. So wie früher ohne Kinder. Ein Abend nur für Sie beide – dafür sollten Sie sich zumindest einmal im Monat Zeit freischaufeln.

Und noch ein Tipp: Sprechen Sie bei solchen Gelegenheit doch mal nicht über die Haushaltsplanung, sondern über sich als Paar. Zeigen Sie Interesse am Innenleben Ihres Partners, hören Sie ihm wirklich zu, fallen Sie ihm nicht ins Wort. Entdecken Sie die Gemeinsamkeiten, das, was Sie als Paar verbindet. Erinnern Sie sich bewusst immer wieder daran. Das stärkt Ihre Beziehung. Das Paarleben ist nicht immer rosenrot, aber nicht jede Krise ein Grund, gleich alles hinzuwerfen. Sehen Sie sich als Team, das gemeinsam für eine gemeinsame Sache einsteht.

Eine stabile Paarbeziehung und das Wissen, sich auch in schwierigen Situationen auf seinen Partner zu verlassen, stärken Sie und geben Ihnen in Stresssituationen den nötigen Rückhalt. Wenn Sie wissen, dass Sie nicht alleine sind, beugt dieses Wissen einem Burnout vor. Ihr Partner sollte Ihr Anker sein, der Ihnen auch in schwierigen Situationen Halt gibt. Ein Mensch, dem gegenüber Sie ehrlich sein können und keine perfekte Maske aufsetzen müssen. Denn, wie soll Ihr Partner Ihnen den Rücken frei halten, wenn Sie immer die Zähne zusammenbeißen und so tun, als sei alles bestens?! Eben.

Und eines noch: Lachen Sie gemeinsam. Humor ist ein Wundermittel in vielen Situationen. Lachen Sie gemeinsam über Missgeschicke, anstatt sich gegenseitig reflexartig die Schuld in die Schuhe zu schieben. Lachen entspannt die Situation sofort und unterbricht die Spirale von Schuldzuweisungen und schlechter Laune. Das Leben mit Kindern bietet Unmengen von grotesken Situationen, über die man herzhaft miteinander lachen kann. Dieses Groteske müssen Sie aber auch erkennen. Und das geht nicht, wenn Sie sofort reflexartig losmeckern. Überlegen Sie doch stattdessen mal, wie die Lage grad von außen betrachtet aussähe.

Es sind die kleinen Gesten, die Nähe erzeugen. Sagen Sie immer wieder bewusst liebevolle Dinge zu Ihrem Partner, schreiben Sie kleine Zettelchen, die Sie in der Aktentasche verstecken, oder schicken Sie ein »Ich liebe dich« als Kurznachricht. Schwelgen Sie auch in Erinnerungen, schauen Sie alte Fotos an und lassen Sie diese positiven Gefühle wieder aufleben. Und: Akzeptieren Sie Ihren Partner so, wie er ist. Weisen Sie ihn nicht ständig zurecht. Freuen Sie sich, dass er den Geschirrspüler ausräumt, anstatt ihn zu belehren, dass die Gläser ja links in den Schrank kommen und nicht rechts. Glauben Sie mir, man kann auch mit einem falsch eingeräumten Küchenschrank ein

WAS HABEN SIE IN DER PRÄ-KIND-ÄRA GEMACHT?

wunderbares Leben führen! Danken Sie Ihrem Partner doch einfach schlicht dafür mit »Danke, dass du dich heute um den Geschirrspüler gekümmert hast«, statt gleich loszumeckern: »Wieso kannst du nicht einmal die Gläser ins richtige Fach einräumen?« Und wenn Ihr Partner zu viel arbeitet, dann liegen Sie ihm damit nicht ständig in den Ohren. Sagen Sie doch lieber einmal, wenn er tatsächlich mal pünktlich zum gemeinsamen Abendessen zuhause ist: »Das ist richtig schön, wenn wir alle zusammen essen.« Aber verzichten Sie auf den Zusatz: »Schade, dass wir das nicht öfter haben können.« Vorwürfe sind keine gute Basis für eine Beziehung.

Vater-Zitat:

»Ich würde gerne mal wieder ein normales Gespräch mit Carmen führen. Aber sie rastet bei jeder Kleinigkeit aus und wirft mir immer vor, nicht genug im Haushalt zu helfen. Aber wenn ich abends um acht nach Hause komme, habe ich dafür einfach keine Energie mehr. Ich kann mich auch nicht daran erinnern, wann wir das letzte Mal Sex hatten. Sie ist mir immer aus dem Weg gegangen und außerdem ständig müde. Schade, ich vermisse das.«

Sich als Paar zu sehen bedeutet auch, die Sexualität nicht aus den Augen zu verlieren. Klar hat frau im Wochenbett ganz andere Sorgen als heißen Sex. Und es ist auch normal, abends einfach zu müde zu sein, um sich noch mal aufzuraffen – und Körperkontakt hat man mit Kind ja eh den ganzen Tag. Im stressigen Alltag fehlt oft die Lust – und auch das ist ganz normal.

Da ist es doch tröstlich zu wissen, dass es nicht gleich der ganz heiße Sex sein muss. Sich einfach mal bewusst in den Arm zu nehmen oder morgens den Abschiedskuss nicht routinemäßig in die Luft zu schmatzen, stärkt die Beziehung. Wann haben Sie sich das letzte Mal so richtig bewusst auf den Mund geküsst? Schauen Sie sich häufiger in die Augen. Kuscheln Sie sich beim Fernsehen einfach mal an den Mann. All das tut der Beziehung gut und stärkt das Wir-Gefühl. Bieten Sie Ihrem Partner statt Sex doch einfach ein paar leidenschaftliche Küsse an. So fühlt er sich nicht abgewiesen und Sie werden sehen: Küssen ist toll!

Und was den Sex betrifft: Es lohnt sich, sich mal aufzuraffen, auch wenn man hundemüde ist. Ohne Ansprüche an überbordende Leidenschaft. Wie heißt es so schön? Der Appetit kommt beim Essen!

6 Hilfen für Mütter

Mutter-Zitat:

»Ich weiß nicht, woher das eigentlich kam, aber ich merkte irgendwann, dass ich jegliche Hilfsangebote reflexartig ablehnte. Vielleicht wollte ich allen zeigen, dass ich alleine klarkomme, dabei ist das Leben als Alleinerziehende alles andere als einfach. Aber irgendwie hatte ich gerade deshalb das Gefühl, ich dürfte keine Schwächen zeigen. Dabei gab es im Alltag so viele kleine Hilfen, die ich alle ausschlug. Eine Freundin brachte mich schließlich in einem Gespräch darauf, als sie fragte, wieso ich mir eigentlich nie helfen ließe. Seitdem versuche ich mehr, darauf zu achten. Und ganz ehrlich? Es hat mich noch nie jemand ausgelacht oder schief angeguckt, wenn ich die Hilfe annahm.«

Hilfen einfordern und annehmen

Kennen Sie das? Die Freundin kommt am Nachmittag vorbei und auf ihre Frage, ob sie was mitbringen soll, sagen Sie wie immer: »Ach, ich kaufe nach dem Kindergarten noch einen Kuchen.« Ihr Mann ruft Sie von der Arbeit an und fragt, ob er nach der Arbeit noch etwas aus dem Supermarkt mitbringen soll, und Sie sagen: »Ach, ich muss morgen eh einkaufen, lass mal.« Die Kollegin fragt, ob sie bei Kunde XYZ anrufen soll, und Sie sagen großzügig: »Ich mach das schnell selbst.« Typisch Frau! Da wird Ihnen Hilfe angeboten und Sie lehnen sie einfach ab!

Achten Sie einmal im Alltag darauf. Sie glauben gar nicht, wie oft Ihnen andere Hilfe anbieten und Aufgaben abnehmen wollen. Und wie oft Sie das gar nicht merken, sondern reflexhaft ablehnen. Sagen Sie stattdessen ganz bewusst: »Oh, das wäre super, wenn du Kuchen mit-

Hilfen für Mütter **143**

bringen könntest« oder »Schatz, ich schicke dir gleich eine Einkaufsliste für die ganze Woche.« Lehnen Sie nicht ab, wenn die Mutter eines Kindergartenfreundes anbietet, Ihr Kind mit zum Turnen zu nehmen, sondern freuen Sie sich über die angebotene Hilfe.

Wenn Ihr Partner Ihnen das Baby oder Kind abnehmen will, dann lassen Sie ihn. Ohne zu zögern. Viele Frauen haben Schwierigkeiten, Ihre Kinder abzugeben, ihren Mann einfach mal machen zu lassen. Soziologen nennen es »mütterliches Gatekeeping«, wenn Frauen die »Hoheit« über Kind und Erziehung einfach nicht abgeben können und wollen. Und wenn sie ihrem Partner das Baby überlassen, dann überschütten sie den Partner mit vermeintlich guten Ratschlägen. Lassen Sie Ihren Mann einfach mal machen und halten Sie sich zurück. Er macht es vielleicht anders – aber auf seine Art gut. Sie müssen nicht immer alles unter Kontrolle haben. Und über ein bisschen Anerkennung freut sich Ihr Partner dann übrigens auch! Wenn Sie Ihrem Mann nie zutrauen, mit dem Kind alleine umzugehen – wie soll er dann merken, ob Sie Hilfe benötigen? Dann ist es auch kein Wunder, wenn er sich irgendwann nicht mehr traut, Ihnen Hilfe anzubieten.

Vater-Zitat:

»Ich habe es aufgegeben, meiner Frau unsere Tochter abzunehmen. Denn sie lässt mich einfach nicht. Wenn ich was mache, mache ich es falsch. Die falsche Jacke, die falsche Mütze, das falsche Essen und dann auch noch die Wechselwindel vergessen. Sie traut mir nichts zu und wenn wir vom Spielplatz zurückkommen, dann meckert sie, dass unsere Tochter eine Schramme am Knie hat. So habe ich einfach keine Lust mehr. Dasselbe gilt übrigens für den Haushalt. Auch da weiß sie alles besser. Wieso soll ich ihr noch helfen? Wenn sie es alles so gut kann, dann soll sie es halt selbst machen.«

Wieso neigen so viele Frauen dazu, Hilfe abzulehnen? Aus falschem Stolz? Aus schlechter Angewohnheit? Weil sie Angst haben, andere könnten denken, sie schaffe es alles nicht? Weil sie das Gefühl haben, sie müssten den anderen beweisen, dass sie alles im Griff haben?

Keine Schwäche zeigen wollen? Legen Sie diese Angewohnheiten und den falschen Stolz ab. Und wenn demnächst jemand fragt, wie es Ihnen geht, dann antworten Sie doch einfach mal wahrheitsgemäß: »Ach, alles ein bisschen viel grad.« Sie müssen nicht immer so tun, als wäre alles super. Wir Frauen neigen ja dazu, Dinge herunterzuspielen. »Och ja, du weißt ja, wie das ist« bringt niemanden weiter. Ein gelogenes »Alles super« erst recht nicht. Sagen Sie klipp und klar: »Ein bisschen viel um die Ohren, ich weiß ehrlich gesagt gar nicht, wie ich das alles schaffen soll.« Sie werden überrascht sein, wie oft auf so eine ehrliche Antwort ein Hilfsangebot kommt. Das Sie dann natürlich nicht ausschlagen sollten!

Praktische Hilfsangebote für Eltern

Mutter-Zitat:

»Ich habe zunehmend gemerkt, dass vor allem die berufliche Belastung einer 80-Prozent-Stelle dazu führte, dass ich zu Hause bei der Familie nicht mehr ausgeglichen und entspannt war. Es fiel mir immer schwerer abzuschalten und mich meiner Familie aus vollem Herzen zuzuwenden. Im Job gab ich immer 100 Prozent, aber zu Hause war dann die Luft raus. Vermutlich war ich kurz vorm Burnout. Dieses Dilemma wurde mir immer mehr bewusst und ich hatte das Gefühl, dass ich Hilfe brauchte oder irgendetwas tun musste. Eine Mutter-Kind-Kur schien mir da ein tolles Angebot, um aus dem gewohnten Setting herauszukommen und sowohl körperlich als auch seelisch aufzutanken und mir klar zu werden über meine Prioritäten und meinen Umgang mit Belastungen.«

Für Eltern gibt es mehr Hilfsangebote, als Sie glauben. Die Herausforderung ist es nur, sich durch den Dschungel der Angebote und Regelungen, wem was zusteht, zu schlagen. Denn nicht immer ist es auf den ersten Blick ersichtlich, wer der Leistungsträger ist und an wen man sich wenden muss. Einen ersten Überblick bietet die Webseite »Familienwegweiser.de«, ein Webportal des Bundesministeriums für

Sie müssen nicht perfekt sein.

GUT GENUG REICHT AUCH.

Familien, Senioren, Frauen und Jugend, wo es gebündelt Informationen rund um die Familie gibt. Dort finden Sie beispielsweise Elterngeldrechner, Wiedereinstiegsrechner, nützliche Formulare, aber auch Infos zum Elterngeld, Kindergeld, Telefonnummern von Infotelefonen und Hotlines genauso wie nützliche Links. Auch Themen wie »familienfreundliche Arbeitgeber« werden in dem Webportal behandelt. Die Informationen sind von A bis Z gegliedert, über eine Stichwortsuche kommen Sie direkt zu den Antworten, die Sie interessieren.

Auch viele Städte und Gemeinden bieten solche Informationen für Familien an – entweder in Form von Broschüren oder Webseiten. Hier finden Sie nicht nur Telefonnummern des kinderärztlichen Notdienstes, sondern auch Kontakte zu Vereinen, Elternkursen oder örtlichen Babysitterbörsen. Oft liegen entsprechende Broschüren in Einwohnermeldeämtern, auf dem Rathaus oder aber auch in Kinderarzt- oder Hebammenpraxen aus. Fragen Sie doch einfach Ihren Kinderarzt, er wird sicher Anlaufstellen kennen. Auch Verbände wie die Caritas, die Diakonie, die AWO oder der Kinderschutzbund sind gute Anlaufstellen für Informationen über Hilfsangebote für Familien. Die Webseiten der jeweiligen Ortsverbände informieren über Angebote in Ihrem Wohnort.

Großeltern, Babysitter und Co.

Ein Babysitter ist übrigens das, was Sie sich als Erstes zur Entlastung zulegen sollten. Idealerweise ist das eine Person, die Ihre Kinder bereits kennen. Die Großeltern beispielsweise, sofern Sie das Glück haben, dass diese in erreichbarer Nähe zu Ihnen wohnen. Machen Sie ihnen klar, dass Oma sein nicht nur bedeutet, dass süße Baby beim Kaffeetrinken auf dem Schoß zu halten und zu verschwinden, wenn es anstrengend wird. Führen Sie feste Großeltern-Nachmittage ein, an denen das Kind von der Oma oder dem Opa abgeholt wird und etwas mit ihnen unternimmt. Und verfallen Sie dann bloß nicht dem Wahn, an so einem freien Nachmittag den Haushalt picobello trimmen zu wollen! Nein, nutzen Sie den Nachmittag für sich, für die Dinge, die Sie gerne tun wollen und die Ihnen guttun.

Noch etwas: Vertrauen Sie den Großeltern. »Social Gatekeeping« ist hier ebenso fehl am Platz wie gegenüber Ihrem Partner! Versuchen Sie nicht, immer alles unter Kontrolle zu haben. Großeltern haben naturgemäß selbst schon Kinder großgezogen und wissen im Allgemeinen, wie man mit ihnen umgeht. Sie bekommen Ihr Kind bestimmt heil zurück. Sicher, sie machen nun mal vieles anders als wir und verwöhnen ihre Enkel manchmal mehr, als uns lieb ist. Feste Absprachen helfen: Regeln, die zuhause gelten, sollten auch bei den Großeltern gelten.

Aber nicht immer wohnen die Großeltern um die Ecke, um einzuspringen, wenn Not am Mann ist. Immer öfter wohnen sie zu weit weg, sind selbst noch berufstätig oder schon pflegebedürftig. In diesem Fall helfen soziale Netzwerke. Spannen Sie Ihre Freunde ein! Hat Ihr Kind eine Patentante? Dann führen Sie doch einen Patennachmittag ein! Oder fragen Sie andere Mütter, ob sie Ihr Kind mit zum Musikunterricht nehmen und auch wieder abholen können. Finden Sie Regelungen, bei denen Sie sich abwechseln – so bekommt jede beteiligte Mutter etwas mehr Luft und Zeit für sich selbst.

Babysitter finden Sie über verschiedene Vermittlungen, teilweise bezahlte, teilweise aber auch ehrenamtliche. Viele bieten auch Qualifikationen für Babysitter an, so dass Sie wissen, dass Ihr Babysitter Erste-Hilfe-Kenntnisse hat und weiß, wie man ein Baby richtig hält. Anbieter solcher Babysitterkurse sind vielerorts das Deutsche Rote Kreuz und die AWO, aber auch der Kinderschutzbund oder Familienbildungsstätten. Eine andere Möglichkeit sind Leihomas oder Leihopas, die ehrenamtlich einspringen. In immer mehr Städten gibt es mittlerweile Webseiten oder auch Verbände wie die Caritas, die Leihgroßeltern vermitteln. Erkundigen Sie sich. Gerade die ehrenamtlichen Leihomas und Leihopas sind häufig extrem kinderliebe Menschen, die sich voller Freude und Begeisterung der Kinder annehmen und Sie wundervoll entlasten können.

Wichtig ist es immer, dass Ihr Kind und die Betreuungsperson Vertrauen zueinander aufbauen und sich idealerweise so früh wie möglich kennenlernen. Verabschieden Sie sich nicht gleich beim ersten

148 Die Kunst, keine perfekte Mutter zu sein

Kennenlernen, sondern vereinbaren Sie Probenachmittage, an denen sich alle Beteiligten beschnuppern können. Denn schließlich müssen auch Sie sich mit dem Menschen wohlfühlen, dem Sie Ihr Kind in die Hände geben. Lassen Sie sich also Zeit und gewöhnen Sie sich in Ruhe aneinander. So gewinnen Sie Vertrauen – und können umso leichter loslassen. Der Abschiedsschmerz wird gleich viel geringer sein. Ihr Kind merkt es, wenn es Ihnen schwerfällt. Je mehr Vertrauen Sie in die Betreuungsperson haben, umso einfacher fällt es Ihrem Kind, Vertrauen aufzubauen.

Frühe Hilfen

Schon in der Schwangerschaft haben Eltern Anspruch auf »Frühe Hilfen« – dieser Anspruch gilt auch in den ersten drei Jahren mit Kind. Unter anderem die AWO, der Kinderschutzbund oder die Caritas bieten solche präventiven »Frühen Hilfen« an, in vielen Städten und Gemeinden gibt es gebündelte Informationen auf den Gemeindewebseiten. Was verbirgt sich hinter den »Frühen Hilfen«? Das sind Angebote für Schwangere, Eltern und Kinder, die die Familien entlasten sollen, wie zum Beispiel Elternkurse, Geburtsvorbereitungskurse, aber auch Babymassage oder Eltern-Kind-Gruppen oder Schwangerschaftsberatung und Familienhebammen. Ehrenamtliche und auch Fachleute unterstützen bei der Bewältigung des Alltags.

Die »Frühen Hilfen« wurden in den 70er-Jahren etabliert und waren damals noch vor allem mit Frühförderung verknüpft. In den letzten Jahren wurde der Begriff im Zusammenhang mit Prävention und Kinderschutz neu geprägt. Zu den »Frühen Hilfen« zählen verschiedene Angebote und Maßnahmen, zum Beispiel zur Gesundheitsförderung, teilweise kostenlos, teilweise gefördert, teilweise selbst zu bezahlen. Viele Angebote richten sich auch gezielt an Familien in Problemlagen. Dabei arbeiten die Anbieter der »Frühen Hilfen« eng mit Schwangerschaftsberatungen, dem Gesundheitswesen, der Frühförderung oder der Kinder- und Jugendhilfe zusammen. In vielen Städten und Gemeinden gibt es sogar Elternschulen, die gebündelt Eltern-Kind-Kurse anbieten und auch Informationen über weitere »Frühe Hilfen«.

Die Inanspruchnahme der »Frühen Hilfen« schwankt übrigens mit dem Bildungsgrad, so das Nationale Zentrum Frühe Hilfen. Mit dem steigenden Bildungsgrad nimmt die Teilnahme an Geburtsvorbereitungskursen, Hebammenhilfe und Eltern-Kind-Gruppen zu. Angebote, die sich eher auf spezifische Probleme beziehen, wie Schwangerschaftsberatung, Familienhebammen oder Erziehungsberatungsstellen, werden häufiger von bildungsfernen Familien in Anspruch genommen.

Von den Krankenkassen bezahlte Haushaltshilfen

Was passiert, wenn Sie ausfallen und sechs Wochen lang mit einem gebrochenen Bein zu Hause bleiben müssen? Kann Ihr Partner dann solange Urlaub nehmen? In so einem Fall springen Haushaltshilfen ein, die von den Krankenkassen bezahlt werden. Fallen Mutter oder Vater wegen einer Krankheit oder Kur aus, dann besteht ein Anspruch auf eine von den Krankenkassen bezahlte Familienhilfe, wenn im Haushalt Kinder unter zwölf Jahren leben. Bei einigen Krankenkassen liegt die Altersgrenze sogar bei 14 Jahren. Einen kleinen Eigenanteil müssen Sie meist selbst übernehmen. Wenn die kranke Mutter oder der kranke Vater ambulant betreut wird, bezahlen viele Krankenkassen auch auf freiwilliger Basis, etwa bei Chemotherapien oder Behandlungen in einer Tagesklinik.

Eine Haushaltshilfe übernimmt übrigens all das, was die Mutter auch im Alltag tut: die Kinder in den Kindergarten bringen, einkaufen, kochen, das Haus putzen, aber auch einen Kindergeburtstag organisieren. Wie Sie an eine Haushaltshilfe kommen? Dafür benötigen Sie zunächst eine Bescheinigung vom Arzt, wie viele Stunden am Tag sie die Haushaltshilfe benötigen. Dieses Attest reichen Sie bei der Krankenversicherung ein. Die Koordination der Haushaltshilfen übernimmt in der Regel die örtliche Sozialstation.

Eine Mutter-Kind-Kur – auch ein Mittel der Prävention

Mutter-Kind-Kuren werden unter anderem vom Müttergenesungs-werk in 76 Kureinrichtungen angeboten und richten sich an Mütter, die unter einem Erschöpfungszustand leiden oder sich von den Anfor-derungen des Alltags belastet fühlen. Dabei muss gar kein Burnout vorliegen – denn Mutter-Kind-Kuren sind auch ein Angebot zur Prä-vention gegen ein solches Burnout. Es gibt übrigens auch Vater-Kind-Kuren, die sich an entsprechend belastete Väter richten. Welche Kur die richtige ist, welche Klinik sich eignet (denn jede Klinik hat andere Schwerpunkte) und was mit der Familie zuhause passiert, besprechen Mütter am besten mit den Beratern des Müttergenesungswerkes in einer der 1300 Beratungsstellen bei den verschiedenen Wohlfahrts-verbänden. Auch die Caritas informiert in mehr als 400 Beratungsstel-len, wie man so eine Kur beantragen kann. Bei den Beratungsstellen der verschiedenen Verbände gibt es auch nähere Informationen zum Ablauf der Therapien, den verschiedenen Möglichkeiten und über die Unterbringung. In der Regel dauern diese Kuren drei Wochen. Der Grundsatz »ambulant vor stationär« gilt übrigens bei Vorsorge- und Rehamaßnahmen für Mütter und Väter mit Kindern ausdrücklich nicht.

Mutter-Zitat:

»Die Kur zu beantragen war einfacher als gedacht: Ich habe mich im Internet schlau gemacht und dort erfahren, dass man sich am bes-ten durch eine karitative Einrichtung bei der Beantragung der Kur unterstützen lässt. Man muss ein ziemlich langes Antragsformular ausfüllen und benötigt Atteste vom Hausarzt und vom Kinderarzt. Mein Hausarzt hatte offenbar schon Erfahrung mit dem Ausfüllen des Attestes und hat mich ebenfalls sehr gerne in meinem Anliegen unterstützt. Ich hatte Angst, dass meine Krankenkasse im ersten Anlauf den Antrag ablehnt und ich Widerspruch einlegen muss, aber ich habe direkt nach zwei Wochen eine Zusage erhalten.«

Damit die Mutter-Kind-Kur von der Krankenkasse bewilligt wird, benötigen Sie ein ärztliches Attest. Wird der Antrag abgelehnt, berät das Müttergenesungswerk, die Caritas oder ein anderer Wohlfahrtsverband dabei, den Widerspruch zu formulieren. Während der Kur ist dann nur eine Zuzahlung von zehn Euro am Tag zu leisten, die Kinder sind zuzahlungsfrei. In der Regel können Sie Kinder bis zu einem Alter von zwölf Jahren mit zur Kur nehmen. Die Kinder werden betreut, bekommen schulbegleitenden Unterricht oder, falls vom Kinderarzt empfohlen, auch therapeutische Angebote. Etwa zwei Drittel aller Kinder sind auch behandlungsbedürftig, so das Müttergenesungswerk.

Mutter-Zitat:

»Die Mutter-Kind-Kur war toll! Besonders gutgetan haben mir die psychologischen Gespräche, aber auch die Anwendungen in der Physiotherapie. Obwohl ich keine wirklichen körperlichen Beschwerden hatte, bekam ich Massagen, Gerätetraining, Hydrojet und Manuelle Therapie, was mir sehr gutgetan hat. Es gab ein tolles Entspannungsangebot, bei dem wir Mütter Progressive Muskelrelaxation gelernt haben, das hat mir auch sehr gutgetan. Meine Erwartungen übertroffen haben das Essen und die Landschaft am Wattenmeer, die ich vorher noch nicht kannte. Am meisten gutgetan haben mir sicher die endlosen Spaziergänge alleine am Deich und die Nordseeluft. Ich war viel für mich alleine, wollte das auch sein. Andere Mamas haben Freundschaften geschlossen, aber für mich war es eine bewusste Entscheidung, mehr für mich zu sein und Zeit mit meinem Sohn zu verbringen.«

Wie die Therapie bei der Kur aussieht, richtet sich nach den Symptomen und Bedürfnissen der Mutter. Im Zentrum steht der individuelle Mensch: Der einen Frau hilft Sport, der anderen Entspannungstechniken, wieder andere brauchen Gruppengespräche, während andere mit Einzelgesprächen besser klarkommen. Eines sollte Müttern vorher jedoch bewusst sein: Eine Kur ist kein Urlaub! In diesen drei Wochen stehen auf die jeweiligen Bedürfnisse abgestimmte medizinische Maßnahmen, Physiotherapie und Psychotherapie auf dem Plan. Die

152 Die Kunst, keine perfekte Mutter zu sein

Mütter arbeiten dabei gemeinsam mit einem interdisziplinären Team aus Ärzten, Pädagogen, Psychologen und Physiotherapeuten. Sportangebote wie Yoga, Nordic Walking oder Entspannungstechniken runden das Angebot ab, ebenso kreative Angebote und Achtsamkeitsübungen. Natürlich stehen auch gemeinsame Aktivitäten mit den Kindern und anderen Müttern auf dem Programm.

Mutter-Zitat:

»Ich würde so eine Kur wirklich jeder Mutter oder jedem Vater empfehlen, die sich belastet fühlen. Es braucht keine schwerwiegende Diagnose im Vorfeld, um eine Mutter-Kind-Kur bewilligt zu bekommen, da es sich explizit um ein präventives Angebot handelt, und als solches sollte man die Mutter-Kind-Kur auch nutzen. Ich dachte im Vorfeld, dass ich die Kur vielleicht gar nicht »verdient« habe, weil es anderen Müttern sicher viel, viel schlechter geht als mir, aber von dem Gedanken bin ich komplett abgekommen. Jeder hat das Recht, sich einmal nur um sich zu kümmern.«

Ist der Erschöpfungszustand der Mutter sehr groß und das Familienumfeld zuhause sehr belastend, kann eine reine Mutterkur für die Mutter erfolgsversprechender sein. Dabei bezahlt die Krankenkasse eine Haushaltshilfe, wenn Kinder unter zwölf Jahren im Haushalt leben.

Auf der Webseite des Müttergenesungswerkes www.muettergenesungswerk.de gibt es einen anonymen Online-Test zur Ermittlung des Bedarfs an eine Kur. Dieser Fragebogen wird online ausgefüllt und ausgewertet, ohne dass Sie persönliche Daten angeben müssen. Eine Rückverfolgung ist so nicht möglich. Bei dem Test gibt es eine sofortige Rückmeldung, ob eine Kurmaßnahme sinnvoll ist. Bei einem Ja empfiehlt das Müttergenesungswerk eine Beratung durch den Hausarzt.

Mutter-Zitat:

»Ich habe von der Mutter-Kind-Kur mitgenommen, die Dinge etwas entspannter anzugehen und mich selbst nicht so unter Druck zu setzen, vor allem beruflich. Ich habe mich zu Hause wieder mehr bewegt und versucht, achtsamer und bewusster zu leben und dem Beruf nicht mehr einen höheren Stellenwert einzuräumen als der Familie und der Freizeit.«

Wenn gar nichts mehr geht: Krisenintervention im Ernstfall

Wenn gar nichts mehr geht, Sie einfach nicht mehr weiterwissen und merken, dass der Zusammenbruch kurz bevorsteht oder schon da ist: Auch jetzt kann Ihnen geholfen werden. Verkriechen Sie sich nicht, suchen Sie sich Hilfe! Erster Ansprechpartner in so einem Fall ist Ihr Hausarzt, zu dem Sie Vertrauen haben. Untertreiben Sie nicht, beschönigen Sie nichts, sondern schildern Sie Ihre Situation so, wie sie ist – mit aller Dringlichkeit. Der Hausarzt wird Sie an die entsprechenden Stellen weiterleiten und ausloten, ob eine ambulante Therapie hilft oder eine stationäre Therapie besser angebracht wäre – oder ob zunächst eine Mutter-Kind-Kur oder eine reine Mutterkur helfen kann.

Auch psychologische Beratungsstellen beispielsweise bei Wohlfahrtsverbänden wie dem Müttergenesungswerk oder der Caritas beraten niederschwellig und schnell und vermitteln entsprechende weitere Hilfen und können Ihnen Ansprechpartner nennen. Entsprechende Anlaufstellen und Ortsverbände finden Sie im Internet unter muettergenesungswerk.de oder caritas.de

Merken Sie, dass eine Freundin oder Bekannte von Ihnen in ebenso einer Situation steckt, in der sie nicht mehr weiterweiß und kurz vor einem Zusammenbruch steht, dann unterstützen Sie sie beim Hilfesuchen. Denn oft sind Frauen in dieser Situation nicht mehr in der

Lage, selbst nach Hilfsangeboten zu suchen. Begleiten Sie Ihre Freundin zu Gesprächen, wenn sie es wünscht; nehmen Sie Ihr die Terminvereinbarung ab, wenn sie es aus eigener Kraft nicht mehr schafft.

Schluss mit dem Perfektionismus!

Niemand ist perfekt. Das Wort kommt übrigens von dem lateinischen »perfectum«, was »vollendet« oder »fehlerfrei« bedeutet. Und das klappt einfach nicht immer. Niemand kann immer perfekt sein – es wird Zeit, raus aus der Perfektionismusfalle zu kommen! Sie müssen nicht perfekt sein. Gut genug reicht auch. Denn Perfektsein ist auch keine Lösung.

Leistungssportler unterscheiden zwischen Training und Wettkampf: Im Training gehen sie nicht bis an die Leistungsgrenze. Machen Sie es doch genauso. Heben Sie sich Ihre Spitzenleistung für besondere Situationen und Herausforderungen auf.

Wer den Ausdruck
"SCHLAFEN WIE EIN BABY"
benutzt,
hat kein eigenes.

Setzen Sie Prioritäten

Prioritäten setzen bedeutet nicht, Ihr Zeitmanagement noch mehr zu optimieren, sich noch mehr zu organisieren, noch mehr unter Druck zu setzen, noch schneller zu arbeiten. Nein. Selbst wenn ein Tag 100 Stunden hätte, Sie könnten nie ALLES erledigen und alles perfekt machen. Irgendetwas bleibt immer zu tun. Prioritäten setzen bedeutet, dass Sie sich für die wirklich wichtigen Dinge entscheiden. Dass Sie das machen, was Ihnen guttut, und das sein lassen, was Ihnen den letzten Nerv raubt.

Prioritäten setzen bedeutet, den eigenen Lebensstil zu überdenken und Energieräuber aus dem Weg zu räumen. Sie haben es heute nicht geschafft, die Wäsche aus dem Wäschekorb in den Kleiderschrank zu sortieren? Egal. Das erledigen Sie bitte nicht nach dem Insbettbringen der Kinder. Denn dann ist Feierabend. IHR Feierabend. Dann müssen sich am nächsten Morgen halt alle auf der Suche nach frischer Kleidung aus dem Wäschekorb bedienen. Ihre Familie wird es überleben und Sie auch. Und kommen Sie nun nicht auf die Idee, nach dem Abendbrot das ganze Esszimmer zu saugen. Wozu denn, wenn es nach dem Frühstück wieder so aussieht? Reicht es nicht auch, das jeden dritten Tag zu tun? Und – unter uns: Reis oder Müsli beispielsweise lassen sich einen Tag später viel besser wegsaugen, denn dann klebt das Essen nicht mehr so am Boden fest.

Ihr Kind kleckert beim Frühstück etwas Marmelade auf den frisch angezogenen Pullover? Nein, Sie ziehen Ihr Kind heute nicht erneut um und suchen hektisch einen neuen Pullover aus dem Schrank. Dann geht Ihr Kind halt mit einem Fleck auf der Brust in den Kindergarten. Kommen eh neue hinzu. Und nein, die Erzieherinnen werden Sie sicher nicht für eine Rabenmutter halten. Wir sind übrigens dazu übergegangen, beim Frühstück noch die Schlafanzüge anzulassen, so dass es auch nicht wild ist, wenn dem Kind ein ganzes Glas Milch umkippt (und ja, bei einem ganzen Glas Milch würde ich meinem Kind dann doch einen anderen Pullover anziehen).

Sie haben vergessen, Ihrem Kind den Turnbeutel mit in den Kindergarten zu geben? Anstatt jetzt noch mal nach Hause zu flitzen und atemlos den Turnbeutel im Kindergarten abzugeben, sagen Sie den Erzieherinnen einfach, wie es war: »In der Hektik heute Morgen haben wir den Turnbeutel total vergessen.« Dann turnt Ihr Kind halt einmal barfuß mit. Und in jedem Kindergarten gibt es einen Karton mit Ersatzklamotten, die irgendjemand irgendwann mal vergessen hat. Da lässt sich bestimmt eine Turnhose finden.

Trennen Sie das Wichtige vom Unwichtigen: Nicht alles muss sofort erledigt werden. Und ja, manches erledigt sich sogar von alleine, wenn Sie nur lange genug abwarten. Nicht jede E-Mail muss sofort beantwortet werden, nicht bei jedem Anruf sofort zurückgerufen werden. Sie müssen nicht jeden heruntergefallenen Krümel wegsaugen. Stellen Sie sich stattdessen immer die Frage: Was ist jetzt eigentlich wichtig? Ist es nicht wichtiger, ungestört mit Ihrem Kind ein Puzzle zu legen? Und dabei selbst abzuschalten? Na also. Woran werden sich Ihre Kinder wohl erinnern: an den gemütlichen Sonntag im Schlafanzug? Oder an den perfekt gedeckten Abendbrottisch?! Haben Sie Mut zur Lücke!

Machen Sie regelmäßig eine Bestandsaufnahme: Was ist Ihnen wirklich wichtig? Welchen Dingen möchten Sie in Ihrem Leben mehr Zeit einräumen? Was macht Sie glücklich, was belastet Sie nur? Werfen Sie regelmäßig Ballast ab und konzentrieren Sie sich auf das, was Ihnen wirklich wichtig ist.

Das Pareto-Prinzip

Haben Sie schon mal vom Pareto-Prinzip gehört? Dieses Prinzip wurde im 19. Jahrhundert von dem Ökonomen Vilfredo Pareto gefunden. Der Italiener untersuchte damals eigentlich die Verteilung des Bodenbesitzes in Italien und stellte fest, dass 20 Prozent der Bevölkerung etwa 80 Prozent des Bodens besitzen. Daraus leitete Vilfredo Pareto das Pareto-Prinzip ab – er stellte nämlich fest, dass sich die 80:20-Regel auch auf viele andere Lebensbereiche übertragen lässt (natürlich nicht immer auf die Nachkommastelle genau, aber als grober Richtwert). Beispielsweise auf die Betriebswirtschaft: 20 Prozent der Kunden machen 80 Prozent des Umsatzes aus. 80 Prozent des Umsatzes werden mit 20 Prozent der Produkte erwirtschaftet. 20 Prozent der Angestellten sind für 80 Prozent des Gewinns verantwortlich. Das Zeitmanagement hat die Pareto-Regel für sich entdeckt und dahingehend umformuliert, dass 80 Prozent des Gesamtergebnisses mit etwa 20 Prozent Einsatz erzielt werden können. Was im Klartext bedeutet: Sie müssen nicht immer 100 Prozent geben! Denn das besagt das Pareto-Prinzip auch: Die letzten 20 Prozent, um die 100 Prozent zu erreichen, sind die arbeitsintensivsten.

Mutter-Zitat:

»Ich dachte immer, ich müsste im Beruf alles geben. Wenn ich schon nur Teilzeit arbeitete, wollte ich wenigstens perfekte Ergebnisse vorlegen, um zu zeigen, dass auch Mütter in Teilzeit ihre Arbeit vernünftig erledigen können. Bis ich merkte, dass es einem eh keiner dankte. Gerade der letzte Feinschliff, in den ich so viel Arbeit steckte, wurde meistens gar nicht honoriert, ja noch nicht einmal bemerkt.«

Nehmen Sie sich das als Grundsatz: Schluss mit dem Perfektionismus. Denn wer immer 100 Prozent geben möchte und alles zu 100 Prozent erledigen möchte, wird schnell feststellen, dass die Mühe erstens nicht belohnt oder gewürdigt wird und zweitens, dass es 80 Prozent Ergebnis auch getan hätten. Ist es wirklich nötig, die E-Mail ein drittes Mal Korrektur zu lesen? Wird die Welt untergehen, wenn Sie in Ihrem Monatsbericht an den Chef ein Komma vergessen haben? Müssen die Hausaufgaben Ihres Sprösslings wirklich jeden Tag noch einmal von Ihnen korrigiert werden? Muss das Hemd Ihres Mannes auch wirklich immer an den Ärmeln, die unterm Sakko verschwinden, glatt gebügelt sein? Stets perfekt zu sein, dankt einem keiner. Konzentrieren Sie sich also auf die 20 Prozent, die schon 80 Prozent des Ergebnisses ausmachen.

Multitasking wirkt kontraproduktiv

Ein Trugschluss ist es, zu glauben, dass Multitasking Sie schneller vorankommen lässt. Hirnforscher haben in mehreren Studien klargemacht: Wir Menschen sind nicht für Multitasking geschaffen. Das Gehirn kann sich immer nur auf eine Sache konzentrieren. Denn auch wenn man glaubt, mehrere Dinge gleichzeitig zu erledigen, springt das Gehirn in Wirklichkeit von einer Tätigkeit zur anderen. Dabei wird man jedes Mal für einen kleinen (nicht immer bewusst wahrnehmbaren) Moment aus der Tätigkeit gerissen und muss sich wieder neu einfinden. Mit der Konsequenz, dass man mehr Fehler macht und im Endeffekt länger benötigt, als wenn man die Dinge hintereinander erledigt. Dazu kommt, dass das schnelle Hin- und Herswitchen für das Gehirn sehr anstrengend ist und Sie schneller ermüden. Dass Frauen mehr Dinge gleichzeitig erledigen können als Männer, ist übrigens nur ein Märchen. Was stimmt, ist, dass es Frauen leichter fällt, automatisierte Dinge gleichzeitig zu tun: also beim Radiohören zu lesen.

Achten Sie also gezielt darauf, nicht alles gleichzeitig anpacken zu wollen. Konzentrieren Sie sich beim Telefonat wirklich auf das Gespräch, anstatt nebenher die Einkaufsliste zu schreiben. Hören Sie Ihrem Kind richtig zu, anstatt nebenher auf dem Handy Fotos anzuschauen. Dieses schrittweise Vorgehen hilft, sich nicht zu verzetteln, lenkt die Aufmerksamkeit auf den Moment und lässt Ihr Gehirn nicht so schnell ermüden. Schritt für Schritt sollten Sie übrigens auch beim Problemlösen vorgehen: ganz systematisch eine Herausforderung nach der anderen lösen statt alle auf einmal anpacken zu wollen.

Mutter-Zitat:

»Meistens musste ja alles immer schnell gehen. Deshalb hatte ich mir angewöhnt, mehrere Dinge gleichzeitig zu erledigen, um Zeit zu sparen. Beim Kochen telefonieren oder beim Onlinezeitungen lesen kurz zu den E-Mails zu springen, während die Seiten hochluden. Die Folge war, dass ich mich auf nichts richtig konzentrierte. Irgendwann merkte ich, dass ich mich gar nicht mehr erinnern konnte, was eigentlich in der E-Mail stand, und sie noch einmal von vorne lesen musste. Was nicht wirklich eine Zeitersparnis war. Man kann nun mal nicht mehrere Dinge gleichzeitig machen.«

Überprüfen Sie sich regelmäßig selbst: Fallen Sie zurück in alte Schemata? Seien Sie großzügig mit sich. Auch in diesem Fall: Verfallen Sie nicht dem Perfektionismus! Geben Sie jetzt nicht resigniert auf! Jedes Umgewöhnen benötigt seine Zeit. Der Mensch neigt nun mal dazu, in alte Rollenmuster zu verfallen. Denn das ist bequem. Das ist bekannt. Veränderungen kosten Energie. Deshalb lohnt es sich, regelmäßig die Ist-Situation mit den guten Vorsätzen zu vergleichen und zu überlegen, was Sie tun können, um Ihre Vorsätze besser umzusetzen. Nur bei einer Sache sollten Sie mit sich streng sein: Hören Sie auf die Signale Ihres Körpers und legen Sie eine Pause ein, wenn der Ihnen sagt: »Es ist zu viel!«

7 Es wird besser!

An den Tagen, an denen es einfach nicht mehr geht und Sie abends heulend ins Bett gehen – denken Sie daran: Es wird besser! Es wird einfacher! Seien Sie sich gewiss: Nach den stressigen Kleinkindjahren kommen einfachere Zeiten. Natürlich gibt es im Leben mit Kindern immer wieder Tage, an denen man zu gar nichts kommt und keine Zeit für sich selbst und all die guten Vorsätze findet. Aber diese Tage werden weniger. Denn Ihre Kinder werden mit zunehmendem Alter lernen, sich immer besser und länger selbst zu beschäftigen und Konflikte untereinander auch ohne Ihre Hilfe zu lösen – so dass Sie tatsächlich eines Nachmittags feststellen werden: Ich habe jetzt tatsächlich eine ganze Zeitschrift gelesen, während die Kinder im Garten spielten, und kein Kind kam zu mir und wollte irgendetwas. Je älter Ihr Kind wird, umso mehr Nachmittagsaktivitäten unternimmt es alleine. Noch im Kindergartenalter kommen die Verabredungen, bei denen die Kinder direkt mit ihren Freunden nach Hause gehen und Sie einen freien Nachmittag geschenkt bekommen.

Glauben Sie mir: Sie werden das stille Haus dann am Anfang etwas ungewohnt finden! Ja, es werden die Tage kommen, an denen Sie die Zeit vermissen, die Sie so intensiv mit Ihren Kindern verbracht haben. Auch beim Kinderturnen oder Musikunterricht bleiben die Kinder ab vier oder fünf Jahren alleine im Kurs. Nutzen Sie die gewonnene Stunde und lesen Sie in Ruhe ein Buch! Machen Sie aber bloß nicht den Fehler und kutschieren Sie Ihre Kinder überall hin! Suchen Sie Kurse, die möglichst dicht an Ihrem Wohnort liegen, so dass Ihre Kinder so früh wie möglich selbständig dorthin gelangen.

Mutter-Zitat:

»Eines Nachmittags waren beide Kinder ausgeflogen. Ganz plötzlich waren sie groß und konnten alleine zu Freunden oder zum Fußball. Das leere Haus war total ungewohnt und ich fing an, meine Kinder ziemlich schnell zu vermissen. Die ersten Male nutzte ich die Zeit zum Putzen, aber dann sagte ich mir: Du bist ja eigentlich bescheuert. Mach dir doch einen netten Nachmittag. Auch seine Freizeit zu gestalten, muss man als Mutter tatsächlich wieder lernen!«

Ihre Kinder werden mit den Jahren immer selbständiger. Viel schneller, als Sie heute denken, kommt der Tag, an dem sie sich alleine anziehen. Ohne dass Sie sie vorher zehnmal dazu auffordern müssen. Sie werden von alleine abends die Zähne putzen, irgendwann sogar alleine einschlafen (und glauben Sie mir, dann wird Ihnen das heute vielleicht nervige Einschlafritual fehlen). Das Gefühl, rund um die Uhr fremdbestimmt zu sein, wird mit der Zeit verschwinden.

Wie sagt man so schön? Man wächst mit seinen Aufgaben. Das tun Sie auch als Eltern. Sie wachsen jeden Tag weiter in Ihre Elternrolle hinein, Sie lernen immer Neues hinzu und das, was Sie heute stresst, ist übermorgen schon Routine. Mit jeder Erfahrung werden Sie gelassener. Eine Gelassenheit, die sich dann meist auch auf die Kinder überträgt. Das sieht man besonders nach der Geburt des zweiten Kindes: Das, was einen beim ersten Kind noch stresste und aufwühlte, sieht man beim zweiten Kind schon viel lockerer. Nicht jeder Husten ist gleich Anlass zu schlimmsten Ängsten und Befürchtungen, nicht jeder kleine Sturz und jede Schramme, nicht jeder Trotzanfall macht Sie gleich fix und fertig. Oft fragen sich Mehrfacheltern im Rückblick: Wieso hat mich das beim ersten Kind eigentlich so gestresst?! Weil ihnen die Erfahrung fehlte. Routine macht den Meister. Auch in Sachen Erziehung.

Mit zunehmender Erfahrung werden Sie auch gelassener mit dem ständigen Vergleichen und Wettbewerb unter Eltern umgehen können. Denken Sie immer daran: Jedes Kind hat sein eigenes Tempo. Stressen Sie sich nicht, wenn Ihr Kind später laufen lernt als andere Kinder! Und lassen Sie sich nicht von der schönen heilen Welt der sozialen Medien blenden. Sie wissen nie, wie es hinter der Kulisse aussieht. Lassen Sie die Vergleiche! Ihr Leben ist mit nichts zu vergleichen. Denn es ist Ihr Leben, Ihre Familie und die gibt es nur einmal. Haben Sie dieses Wissen einmal verinnerlicht, wird es Ihnen leichter fallen, eben keine perfekte Mama sein zu wollen. Sondern einfach gut genug.

Ebenso kann ich Ihnen versprechen, dass die ganzen Fehlzeiten wegen der zahlreichen Infekte, die Kinder aus dem Kindergarten anschleppen, weniger werden. Das Immunsystem Ihrer Kinder entwickelt sich und wird immer weniger anfällig für Infekte werden. Ich hatte es nicht für möglich gehalten, aber ab dem zweiten Jahr im Kindergarten nahmen die Kinder tatsächlich nicht mehr jeden Schnupfen mit. Und wenn sie einen mitnahmen, wurde daraus nicht mehr jedes Mal eine Mittelohrentzündung mit hohem Fieber. Dadurch werden sich Ihre Fehlzeiten bei der Arbeit wieder reduzieren, der Stress weniger werden – und auch Ihr Immunsystem wird wieder zu Kräften kommen! Wer nicht ständig mit einer Erkältung zu kämpfen hat, kann auch den Anforderungen des Alltags besser begegnen. Dazu kommt, dass Sie mit zunehmendem Alter der Kinder wieder mehr schlafen werden. Ja, kein Scherz! Es kommt schneller, als Sie heute denken mögen: Irgendwann schlafen Ihre Kinder durch. Und in nicht allzu ferner Zukunft können Sie auch am Wochenende wieder ausschlafen. Mit dem zurückkehrenden Schlaf werden auch Ihre Kräfte wieder zurückkommen. Versprochen.

Weil das Leben mit Kindern wunderschön ist!

Und nicht zuletzt: Halten Sie sich immer wieder vor Augen, wie schön das Leben mit Kindern ist! Bei aller Anstrengung: Ist es nicht auch ein riesiges Abenteuer?! Möchten Sie all die schönen Momente missen? Wenn es gar nicht mehr geht und Sie sich am liebsten verkriechen würden, dann kramen Sie die schönen Momente heraus. Ist es nicht unvergleichlich, ein Kind aufwachsen zu sehen? Zu sehen, wie aus dem Baby eine richtige Persönlichkeit wird, ein kleiner Mensch, der immer mehr lernt, immer selbständiger wird? Was gibt es Schöneres als zwei Kinderarme, die sich um den Hals schlingen? Als eine verschlafene kleine Stimme, die ein »Ich hab dich lieb, Mama« piepst?

Bei allem Chaos, das Kinder ins Haus bringen – gibt es nicht auch Wichtigeres als Ordnung? Ist es nicht ein tolles Gefühl, mit seinen Kindern herumzualbern? Wollen Sie mit 80 auf Ihr Leben zurückblicken und sich dafür loben, das Haus immer in Schuss gehalten zu haben? Oder auf ein Leben voller Lachen und lustiger Momente zurückschauen?

Viele Seiten des turbulenten Lebens mit Kindern werden Sie später vermissen. Denn die Zeit, die Sie so intensiv für Ihre Kinder da sein müssen, ist gemessen an der Gesamtlebensspanne nur ein Wimpernschlag. Ehe Sie sich versehen, sind die Kinder aus dem Haus und Sie haben all die freie Zeit, die Sie vorher vermisst haben! Halten Sie sich diesen Gedanken in all den stressigen Momenten, in denen Sie einfach nicht mehr weiterwissen und mit Ihrer Kraft am Ende sind, vor Augen: Die Jahre mit kleinen Kindern sind intensiv und anstrengend, ja, aber auch viel zu schnell wieder vorbei.

Diese zeitliche Begrenzung lässt das Chaos viel leichter ertragen. Sie können das abendliche Insbettbringen und stundenlange Kuscheln und Vorlesen nicht mehr ertragen, weil Sie endlich Feierabend haben wollen? Sie haben mein vollstes Verständnis. Aber wenn dann wirklich der Zeitpunkt kommt, an dem Ihre Kinder plötzlich ganz alleine ins Bett gehen und auch nicht mehr morgens ins Elternbett gekrabbelt kommen – wenn dieser Zeitpunkt da ist, dann werden Sie diese Kuscheleinheiten vermissen! Deshalb genießen Sie all diese Momente. Leben Sie das Familienleben bewusst. Genauso wie Sie die Momente, in denen Sie nur für sich selbst da sind, bewusst erleben sollten. Wenn Sie sich bewusst Zeit für sich und Ihre Bedürfnisse nehmen, fällt es auch leichter, sich bewusst, Zeit für die Kinder und deren Bedürfnisse zu nehmen. Und zwar ohne Ablenkung. Legen Sie das Handy zur Seite, seien Sie einfach nur da. Für sich und für Ihre Kinder.

Das Leben mit Kindern ist wunderschön, bereichernd und voller Lebensfreude, man muss es sich nur häufiger ins Gedächtnis rufen, wenn es sich mal nicht von dieser heiteren Seite zeigt. Fangen Sie doch heute damit an.

Service

Literatur

Engelbrecht, Sigrid: Das Anti-Burnout-Buch für Frauen. Kreuz Verlag, Freiburg 2011

Finger, Getraud: Auch Mütter dürfen Nein sagen. Mut zum eigenen Weg. Klett-Cotta, Stuttgart 2007.

Freudenberger, Herbert/ North, Gail: Burn-Out bei Frauen. Über das Gefühl des Ausgebranntseins. Fischer Taschenbuch Verlag, Frankfurt 2012

Geo Wissen, Ausgabe 52: »Mütter, wie sie uns ein Leben lang prägen«, Oktober 2013

Groll, Tina: »Gestresst zu sein, gehört zum guten Ton«. Die ZEIT, 26. September 2013

Hilsberg, Regina: Mehr Zeit für die Familie. Wie Sie den Alltag richtig organisieren. Rowohlt Taschenbuch Verlag, Hamburg 1999.

Klüver, Nathalie: Willkommen Geschwisterchen. Entspannte Eltern, glückliche Kinder. Trias Verlag, Stuttgart, 2017.

Löbner, Ingrid: Gelassene Eltern, glückliche Kinder. Mit mehr Leichtigkeit und Entspanntheit durch die ersten sechs Lebensjahre. Fischer & Gann, Munderfing 2016

Mähler, Bettina/Musall, Peter: Eltern-Burnout. Wege aus dem Familienstress. Rowohlt Verlag, Hamburg 2006.

Mundlos, Christina: Wenn Muttersein nicht glücklich macht. Das Phänomen Regretting Motherhood. Mvg Verlag, München 2016.

Nussbaum, Cordula: Familienalltag locker im Griff. Gräfe und Unzer Verlag, München 2013.

Quaiser-Pohl, Claudia; Reichle, Barbara: Kinder, Küche, Konferenz oder Die Kunst des Jonglierens. Verlag C.H. Beck, München 2007

Richter, Felicitas: Schluss mit dem Spagat. Wie Sie aufhören, sich zwischen Familie und Beruf zu zerreißen. Südwest Verlag, München 2015.

Ruhwandel, Dagmar: Erfolgreich ohne auszubrennen. Das Burnout-Buch für Frauen. Klett Cotta, Stuttgart 2007.

Schulte, Astrid/Blum, Maren: MamaHappy. Gelassen und glücklich mit Kind und Job. Gräfe und Unzer Verlag, München 2009.

Seidel, Wolfgang: Burnout. Humboldt Verlag, Hannover 2012.

Spiegel Wissen, Nr. 1/2014: Entspannte Eltern, starke Kinder

Vinken, Barbara: Die deutsche Mutter. Der lange Schatten eines Mythos. Piper Verlag, München 2001.

Walter, Melitta: Elternsein heute. Ein Mutmacherbuch für eine abenteuerliche Lebensform. Kösel-Verlag, München 2011.

Weiterführende Links:

www.muettergenesungswerk.de

www.familienwegweiser.de

www.ganznormalemama.com

www.caritas.de

Sachverzeichnis

A

Achtsamkeit 117–118
Angstgefühle 72
Angstzustände 19
Atemübungen 130, 133
Auszeit 123
Autogenes Training 131–132

B

Babysitter 146
Beratung, psychologische 153
Betreuungsangebot 24
Bewegungsdrang 46
Burnout 12, 58, 64, 66–67, 69–72, 74, 77,
 82–83, 90, 126, 150
– körperliche Symptome 72–73
– psychische Symptome 72–73
– Sieben-Phasen-Modell 69

C

Caritas 146–148, 150–151, 153

D

Depression 64, 69–70, 72, 83, 126
DIY-Trend 47

E

Ehegattensplitting 25, 33
Elterngeld 20, 146
Entspannung 87, 130–132
Entspannungstechniken 131
Ernährung 115
Erschöpfung 19, 71, 83
Essstörungen 19

F

Freundinnen 134
Frühe Hilfen 148
Frühförderung 44

G

Gesundheitsrisiko Muttersein 18

H

Haushaltshilfe 149
Haushaltstätigkeiten 105, 111
Hilfe 142–143
Hilfsangebote 144
Hobbys 113

I

Internet 27

J

Joggen 128

K

Konzentrationsprobleme 71
Kopfschmerzen 19, 64, 71–72
Krisenintervention 153

L

Langeweile 101
Leihgroßeltern 147

M

Meditation 133
Mehrfachbelastung 22
Mommywars 52

Sachverzeichnis **169**

Multitasking 159
Mutter-Kind-Kur 19, 144, 150–151
Müttergenesung 153
Müttergenesungswerk 18–19, 21, 150–152
Muttermythos 34, 55
Mutterrolle 23, 34, 41, 55, 84

N

Nein sagen 90–91
Netzwerken 112, 147

P

Paarbeziehung 136, 138, 140
Pareto-Prinzip 157
Perfektionismus 105, 122, 154, 158, 161
Pflege, Eltern 20
positives Denken 120
Prioritäten 156
Progressive Muskelentspannung 131–132
Psychotherapie 151

Q

Qigong 133
Quality Time 31
Quantity Time 31

R

Regretting Motherhood 41
Reizbarkeit 72
Rituale 88, 94, 98, 123, 125–126
Rollenmodelle 22
Rückenschmerzen 19, 71
Rushhour des Lebens 28, 35

S

Schlaf 114
Schlafstörungen 19, 64, 71–72
Schwimmen 129

Sexualität 140
Spielen 45, 101–102
Sport 126–127, 130
Stimmungsschwankungen 72
Streit 95–96, 107
Stress 21, 50, 57, 63–66, 68, 84, 93, 116–117, 120, 122, 126, 132–133
Stressfaktoren 93
Stricken 113

T

Tai Chi 133
Teilzeitarbeit 20, 24, 52, 55, 58
Therapie 150, 153
Trampolinspringen 129
Trödeln 96
Trotzphase 50, 77

U

Überfrachtung 99, 101
Unvereinbarkeit 19

V

Vater-Kind-Kur 150
Verdauungsprobleme 72
Vereinbarkeit 21, 55, 62

W

Wertschätzung 65
Wettbewerb 47
Wochenplan 98

Y

Yoga 130–131

Z

Zeitfresser 93, 122